Francis Seeck

Klassismus überwinden

UNRAST

Francis Seeck ist Professor*in für Soziale Arbeit mit Schwerpunkt Demokratie- und Menschenrechtsbildung an der TH Nürnberg. Francis Seecks Arbeitsschwerpunkte sind Klassismus(kritik), politische Bildung, Antidiskriminierung und menschenrechtsorientierte Soziale Arbeit. Seit 2010 arbeitet Francis Seeck als Antidiskriminierungstrainer*in und politische*r Bildner*in. 2020 gab Francis Seeck gemeinsam mit Brigitte Theißl bei Unrast den Sammelband *Solidarisch gegen Klassismus* heraus. 2022 erschien bei Atrium die antiklassistische Streitschrift *Zugang verwehrt*.
Mehr Infos unter www.francisseeck.net

Francis Seeck

Klassismus überwinden

Wege in eine sozial gerechte Gesellschaft

UNRAST

Bibliografische Informationen der Deutschen Bibliothek
Die Deutsche Bibliothek verzeichnet diese Publikation in der Deutschen Nationalbibliografie; detaillierte Daten sind im Internet über https://www.dnb.de abrufbar.

Francis Seeck
Klassismus überwinden – Wege in eine sozial gerechte Gesellschaft
1. Auflage, März 2024
ISBN 978-3-89771-380-2

www.unrast-verlag.de | kontakt@unrast-verlag.de
Mitglied in der assoziation Linker Verlage (aLiVe)

Umschlag: Felix Hetscher, Münster
Satz: Andreas Hollender
Druck: Multiprint, Kostinbrod

Inhalt

1 Einleitung

Im deutschsprachigen Raum wird wieder über soziale Ungleichheit gesprochen, der Klassenbegriff feiert ein Comeback. Warum ausgerechnet jetzt? Der Zeitpunkt dürfte kein Zufall sein, sondern mit den gesellschaftlichen Zumutungen zusammenhängen: einer hohen Inflation, steigenden Lebensmittel- und Energiekosten, dem Mangel an bezahlbarem Wohnraum, überfüllten Tafeln und einer zunehmenden Spaltung zwischen Arm und Reich. Laut Paritätischem Armutsbericht (Der Paritätische 2023) hat die Armut in Deutschland mit einer Armutsquote von 16,9 Prozent einen neuen Höchststand erreicht. 14,1 Millionen Menschen waren im Jahre 2021 in Deutschland von Armut betroffen. Diskriminierungen nehmen zu, auch jene entlang von Klassenherkunft und -zugehörigkeit: Klassismus. Menschen, die armutsbetroffen sind oder Sozialleistungen beziehen, erleben alltäglich Ausgrenzung und Hass. Arbeiter*innenkinder, Care-Leaver*innen[1], Kinder mit Migrationsgeschichte und Kinder erwerbsloser Eltern finden sich in einem Bildungssystem wieder, das viel zu oft »aussortiert«, statt Teilhabe zu ermöglichen. Mehr und mehr Menschen wissen und spüren am eigenen Leib: Wir leben in einer Klassengesellschaft.

Die Misere ist bekannt. Deshalb will dieses Buch vor allem Handlungswege aufzeigen: Wie können wir Klassismus entgegentreten, welche Wege wurden und werden dafür bereits

1 »Care-Leaver*innen« bezeichnet Menschen, die in ihrer Kindheit oder Jugend in einer stationären Einrichtung der Erziehungshilfe (Heimerziehung) oder in einer Pflegefamilie gewohnt haben.

erprobt? Was können wir, was kann jede einzelne Person tun, um der Vision einer sozial gerechten Gesellschaft näherzukommen? Wie organisieren sich einkommensarme und wohnungslose Personen, wie gehen Arbeiter*innenkinder und Heimkinder gegen Diskriminierung vor? Wie gelingt es ihnen, die Klassenscham zu überwinden, um sich zusammenzutun und andere zu mobilisieren – zum Beispiel in der Erwerbslosenbewegung, der Selbstvertretung wohnungsloser Menschen oder im Rahmen der Kampagne #IchBinArmutsbetroffen? Welche Bündnisse suchen und schließen sie? Auch Klassenübergänger*innen[2] und politisch engagierte Menschen aus der Ober- und aus der Mittelklasse können sich für Gerechtigkeit einsetzen. Welche Wege finden sie, ihre alten oder neu gewonnenen Klassenprivilegien – etwa Erbschaften – für eine sozial gerechte Gesellschaft einzusetzen? Wie schaffen es Initiativen wie *taxmenow* oder *Resource Transformation – rückverteilen bewegt* (rtrb), Menschen aus den oberen zehn Prozent für Themen sozialer Gerechtigkeit zu gewinnen?

In politischen Talkrunden, in den Zeitungen und auf dem Buchmarkt steht nach wie vor der *weiße* westdeutsche Arbeiter im Mittelpunkt, wenn es um das Thema Klasse geht. Dabei sind die meisten Menschen, die Klassismus erleben, zugleich von anderen Diskriminierungen betroffen: als Muslima etwa oder als trans Person, als Jude, als Lesbe oder als Geflüchtete*r, als Frau mit einer Behinderung, als Romni oder als Schwarzer Mann. Ostdeutsche Klassenerfahrungen (vor und nach der Wende) unterscheiden sich ganz grundlegend von westdeutschen (Seeck 2021). Ein weiteres Thema kann heute nicht mehr außen vor bleiben, wenn es um die

---

2 Der Begriff Klassenübergänger*innen wird als Alternative zu dem stärker wertenden Ausdruck »(soziale) Aufsteiger*innen« verwendet.

Frage sozialer Gerechtigkeit geht: die Klimakrise. Ihre unmittelbaren Folgen haben ebenso wie die politischen Maßnahmen, die ergriffen werden, eine soziale Dimension – global sowieso, aber auch innerhalb Deutschlands: Wer ist von den zunehmenden Hitzewellen, Dürren und Überflutungen besonders betroffen, wer kann sich schützen und absichern? Mildern oder verstärken die politischen Antworten auf die Klimakrise Ungleichheiten? Wie kann Klimaschutz sozial gerecht gestaltet werden?

Ich nehme die Leser*innen mit in Gruppen, Initiativen und Bewegungen, die antiklassistisch handeln und für soziale Gerechtigkeit eintreten. Diese Reise führt uns an verschiedene Orte unserer Klassengesellschaft. Vor allem aber führt sie uns vor Augen, wie es anders gehen kann. Was bedeutet eine sozial gerechtere Welt und welche Wege führen dahin? Wo können wir ansetzen, um dieser Utopie näherzukommen? Klar ist: Soziale Gerechtigkeit wird sich nicht verwirklichen lassen, ohne andere Diskriminierungsverhältnisse wie Sexismus und Rassismus anzugehen; ebenso wenig kann die Klimakrise ignoriert werden, die zu einem Katalysator sozialer Ungerechtigkeit zu werden droht. Deshalb zeige ich auch Strategien für intersektionale und ökologisch gerechte Bündnisse gegen Diskriminierungen auf.

Viele Menschen haben sich bereits auf den Weg gemacht, und ihre Strategien stehen im Mittelpunkt dieses Buches. Dabei zeigt sich: Alle Menschen können sich gegen Klassismus engagieren. Die eigene Klassenherkunft und -position jedoch prägen, wie, in welcher Rolle und mit welcher Perspektive dies geschieht und möglich ist. Deshalb habe ich in dem Buch verschiedene Möglichkeiten, klassismuskritisch zu handeln, in den Blick genommen: von unterschiedlichen Klassenpositionen aus. Neben der Erwerbslosenbewegung und dem Bündnis #IchBinArmutsbetroffen als Felder, in denen sich armutsbetroffene Menschen engagieren, komme ich auch auf Ideen zu sprechen, die Klassenübergänger*innen, Personen mit deutlichen Klassenprivilegien oder in der sozioökonomischen Mitte der Gesellschaft verfolgen (können).

Mit diesem Buch möchte ich Denkanstöße liefern, um konkrete Schritte in Richtung einer sozial gerechten Gesellschaft zu gehen. Dafür nutze ich sozialwissenschaftliche Analysen und den Stil des persönlichen Essays. Das Buch richtet sich an Einzelpersonen, aber auch Gruppen, die sich inspirieren lassen möchten: Was tun andere, was kann ich selbst tun, um unsere Gesellschaft sozial gerechter zu machen? Wo finde ich Vorbilder und konkrete Ideen, um klassismuskritisch zu handeln? Ebenso wendet sich das Buch an Bildungs- und Antidiskriminierungsprojekte, an Träger der Sozialen Arbeit, an Medien- und Kultureinrichtungen und an politische Gruppen und Initiativen.

Seit zehn Jahren arbeite ich zum Thema Klassismus: Ich forsche dazu, schreibe darüber und halte Lesungen ab; ich gebe Fortbildungen und halte Vorträge für Lehrer*innen, Erzieher*innen, Sozialarbeiter*innen, Kulturarbeiter*innen, Justizvollzugsbeamte, Jugendamtsleiter*innen, Hochschullehrende, Studierende, Aktivist*innen und viele mehr. Dieses Buch ist auch eine Reaktion auf die vielen Gespräche, die ich in diesem Rahmen geführt habe, eine Antwort auf die vielen Fragen, die mir gestellt wurden, und eine Reflexion meiner ersten beiden Bücher zum Thema. 2020 veröffentlichte ich gemeinsam mit der Journalistin und Erwachsenenbildnerin Brigitte Theißl den Sammelband *Solidarisch gegen Klassismus. Organisieren, intervenieren, umverteilen*. In persönlichen Essays, theoretischen Beiträgen und in Interviews berichteten 27 Beteiligte, wie sie Klassismus entgegenwirken: in sozialen Bewegungen und Initiativen, in Hochschulen, auf dem Wohnungsmarkt und im Gesundheitssystem. Der

Sammelband war der erste deutschsprachige zum Thema Klassismus und liegt mittlerweile in der 4. Auflage vor. Zwei Jahre später erschien meine antiklassistische Streitschrift *Zugang verwehrt – Keine Chance in der Klassengesellschaft: wie Klassismus soziale Ungleichheit fördert*. Darin führte ich in das Thema Klassismus ein, auch für Leser*innen, die nicht politisch aktiv sind und die keine Vorkenntnisse haben. Ich zeigte auf, dass die Diskriminierung aufgrund von sozialer Herkunft und Position unsere Gesellschaft grundlegend bestimmt: von der Geburt bis zum Tod.

Während ich dort vor allem auf die oftmals ignorierte Diskriminierungsform Klassismus aufmerksam machen wollte und aufgezeigt habe, wie Klassismus unsere Gesellschaft prägt, steht in diesem Buch klassismuskritisches Handeln im Mittelpunkt: Wege, wie sich Klassismus überwinden lässt. Dabei knüpfe ich an einige Ideen und Ansätze aus dem Sammelband *Solidarisch gegen Klassismus* an, etwa die der Prolo-Lesbengruppen und von Erwerbsloseninitiativen.

Seit 2020 sprach ich auf über 250 Veranstaltungen – Lesungen, Podiumsdiskussionen, Fortbildungen – über das Thema Klassismus. Dankbar für das große Interesse, notierte ich die Fragen, die meine Zuhörer*innen umtrieben. Eine Frage wurde mir besonders häufig gestellt, von hunderten Menschen, sie bildet die Leitfrage dieses Buches: Wie kann man Klassismus überwinden, und was sind Wege, erste Schritte zu einer sozial gerechten Gesellschaft?

Das ist keine einfache Frage, und ich habe kein Geheimrezept, das man befolgen könnte, um das Problem zu lösen oder zumindest abzumildern. Deshalb ziehe ich Texte zurate, die aus sozialen Bewegungen und Initiativen heraus zu Klassismus und sozialer Ungerechtigkeit geschrieben wurden. Ich hörte Menschen zu, die sich damit – aus ganz verschiedenen Perspektiven – beschäftigen. Ich beobachte, tausche mich mit anderen aus, ich lese und suche. Dieses Buch ist eine Suchbewegung und ein Zwischenergebnis. Sicherlich werden viele Fragen zu Klasse und Klassismus offenbleiben, auch deshalb, weil mein eigener Denkprozess dazu nicht abgeschlossen ist. Es geht in diesem Buch weniger um die ganz großen politischen Theorien, sondern mehr um die direkten Konsequenzen der gesellschaftlichen Klassenstruktur – und vor allem darum, wie sie verhindert, abgebaut, überwunden werden können. Die Vorschläge dafür sind auf unterschiedlichen Ebenen angesiedelt. Manchmal geht es um den Abbau von verinnerlichtem Klassismus im eigenen Selbstbild, an anderen Stellen um die Überwindung von Klassismus in sozialen Bewegungen, an wieder anderen um größere strukturelle Fragen der Verteilung von Kapital. Eine große Rolle spielt das ganz konkrete klassismuskritische Handeln im Alltag, was manchmal schwieriger ist, als große Ideale einer sozial gerechten Gesellschaft zu postulieren. Es war schön, im Laufe des Schreibprozesses zu merken, an wie vielen Orten sich bereits Menschen auf den Weg machen! Ich fragte: Wo wird Solidarität schon gelebt?

Klassismus. Eine oftmals ignorierte Diskriminierungsform

Da ich nicht davon ausgehe, dass alle Leser*innen meine oder andere Bücher zum Thema gelesen haben und da mir Zugänglichkeit wichtig ist, möchte ich zu Beginn noch einmal erklären, was Klassismus ist, woher der Begriff stammt und wie Klassismus unsere Gesellschaft prägt. In meiner Streitschrift *Zugang verwehrt* schrieb ich dazu:

> »Klassismus wirkt schon vor der Geburt und bis über den Tod hinaus. So ist etwa der Zugang zu Bildung oder Gesundheits-

> versorgung davon geprägt, und selbst die Art, wie wir bestattet werden. Klassismus kann sogar lebensbedrohlich werden. Und die längerfristige gesellschaftliche Entwicklung verschärft die sozialen Unterschiede, die Schere zwischen Arm und Reich geht seit Jahren immer weiter auseinander, die Schranken zwischen den Klassen verfestigen sich. Trotzdem wurde Klassismus bislang kaum beachtet. Das muss sich dringend ändern! Denn nur, wenn wir uns mit Klassismus auseinandersetzen, ist eine sozial gerechte Gesellschaft möglich.«

Der Begriff Klassismus beschreibt analog zu Rassismus und Sexismus eine Diskriminierungs- und Unterdrückungsform (Seeck/Theißl 2020: 10). Angelehnt an Andreas Kemper und Heike Weinbach (2009) verstehe ich Klassismus als Abwertung, Ausgrenzung und Marginalisierung entlang von Klasse. Klassismus beschreibt die Diskriminierung entlang von sozialer Herkunft oder sozialem Status. Er richtet sich gegen Menschen aus der Armuts- oder Arbeiter*innenklasse, zum Beispiel gegen einkommensarme, erwerbslose oder wohnungslose Menschen sowie Arbeiter*innenkinder (Seeck/Theißl 2020: 12). Tanja Abou beschreibt in ihrem Artikel *Klassismus. Oder: Was meine ich eigentlich, wenn ich von Klassismus spreche? Eine Annäherung* Klassismus als ideologisch gestützte Herrschaftsform (Abou 2017). Julia Roßhart definiert Klassismus in *Klassenunterschiede im feministischen Bewegungsalltag* als »Unterdrückung, Abwertungen, Ausgrenzungen, Marginalisierung entlang von Klasse« (Roßhart 2016: 33). Klassismus hat konkrete Auswirkungen auf die Lebenserwartung und begrenzt den Zugang zu Wohnraum, Bildungsabschlüssen, Gesundheitsversorgung, Macht, Anerkennung, Geld und gesellschaftlicher Teilhabe. Klassismus wirkt häufig in Kombination mit anderen Diskriminierungsformen: Trans Personen, alleinerziehende Mütter und Personen, die Rassismus erfahren, erleben häufig auch Klassismus (Arzouni 2018).

Die Auseinandersetzung mit Klassismus ist nicht neu, die Wurzeln des Begriffs liegen in Schwarzen und lesbisch-feministischen Bewegungen der 1970er- und 1980er-Jahre (Abou 2020, Bublitz 1980, Myron 1972, Meulenbelt 1988, hooks 2000, Roßhart 2016, Roßhart/Witte 2019, Witte 2013). Klassismus stellt jedoch immer noch eine Diskriminierungsform dar, die oft vergessen wird. Nach wie vor begegnen mir, wenn auch seltener als noch vor einigen Jahren, Fragen wie diese: »Klassismus? – Meinen Sie Klassizismus?«, »Gibt es heutzutage überhaupt noch soziale Klassen?« oder »Ist der Begriff Klasse nicht veraltet?«. Die klassistische Diskriminierungsform wird gerne übersehen – und der Begriff Klassismus mit einer Kunstepoche verwechselt. Immer mehr Menschen aber wird bewusst: Wir leben in einer sozial ungerechten Gesellschaft, in einer Klassengesellschaft, in der einkommensarme Menschen immer ärmer und reiche Menschen immer reicher werden; in einer Gesellschaft, in der unsere Lebensmöglichkeiten durch unsere Klassenherkunft geprägt werden. Die Schriftstellerin und feministische Aktivistin Rita Mae Brown versteht Klasse folgendermaßen:

> »Klasse bedeutet weit mehr als die marxistische Definition von Beziehungen im Spiegel der Produktionsverhältnisse. Klasse schließt dein Verhalten und deine fundamentalen Überzeugungen mit ein; wie du gelernt hast, dich zu verhalten; was du von dir und anderen erwarten darfst; deine Idee von der Zukunft, wie du Probleme verstehst und löst; wie du denkst, fühlst, handelst.« (Brown 1974)

Die Klassenposition und Klassenherkunft wird von mehreren Kapitalen oder deren Abwesenheit geprägt (Bourdieu

1992). In seiner Analyse der sozialen Klassen erarbeitete Bourdieu vier Arten von Kapital: das ökonomische Kapital, also der Zugang zu Vermögen, Besitz und Eigentum; das kulturelle Kapital, zu dem Objekte gehören wie Musikinstrumente, Kunstobjekte oder ein Bücherregal, das zudem in den Körper eines Menschen eingeschrieben ist und dessen Sprache und Habitus prägt oder das sich in Institutionen erwerben lässt, etwa das Abitur, der Bachelor- oder Masterabschluss oder ein Doktortitel; das soziale Kapital, also der Zugang zu Netzwerken und die Kontakte zu einflussreichen Personen; das symbolische Kapital, nämlich Titel, Nachnamen oder eine Adresse mit Prestige (ebd.). Die Arten von Kapital sind miteinander verschränkt: Eine wohlhabende Familie kann ihre Kinder in eine renommierte Privat-Kita schicken. Hier erhalten sie früh Zugang zu kulturellem Kapital, etwa durch die musikalische Früherziehung und Sprachunterricht. In der Kita bilden sich soziale Netzwerke wohlhabender Familien, die später im Leben von Bedeutung sein können. Hier wird soziales Kapital angehäuft. Klassismus kann auch verstanden werden als das systematische Abgeschnittenwerden von diesen Kapitalsorten.

Es bewegt sich jedoch etwas: Immer mehr Menschen fangen an, sich mit Klassismus auseinanderzusetzen. In Berlin wurde 2020 das neue Landesantidiskriminierungsgesetz (LADG) verabschiedet. Neu in das LADG aufgenommen wurde der rechtliche Schutz vor Diskriminierungen aufgrund des sozialen Status. Damit wurde eine große Schutzlücke im Antidiskriminierungsrecht geschlossen; dies ist umso wichtiger, weil immer mehr Menschen von Armut betroffen sind und die Schere zwischen Arm und Reich immer weiter auseinandergeht. Ich hoffe, dass Vergleichbares bald auch bundesweit und auf EU-Ebene umgesetzt wird.

Klassismus ist in unserer Gesellschaft allgegenwärtig und prägt alle gesellschaftlichen Bereiche: das Bildungssystem, den Wohnungsmarkt, das Gesundheitssystem, den Kulturbereich, die Politik und viele mehr. Auch im Alltag ist Klassismus allgegenwärtig. Tanja Abou gibt ein konkretes Beispiel:

> »Ihr kennt es sicher: Es wird eingeladen zu einer ›Trash-Party‹ mit ›trashiger Musik‹. Die Art, wie sich die Leute dort kleiden, ist oft eine Karikatur ihrer Vorstellung davon, wie ›die aus der Unterschicht‹ sich anziehen. Jogginghose, Feinripp-Shirt und Aldi-Tüte. Außerdem ist es eine ironische Abgrenzung zu der Musik, mit der ich aufgewachsen bin. Ich finde Pop-Musik geil, ich habe schon immer Hip-Hop gehört! Seit Sookee darf man das auch in der queer-feministischen Szene, vorher nicht. In dieser Abgrenzung liegt eine enorme Abwertung. Es ist eine klassistische und rassistische Zuschreibung. Oft ist es auch eine Abgrenzung von der eigenen bürgerlichen Herkunft: indem ich Klamotten anziehe, für die mich meine Eltern ausschimpfen würden; gleichzeitig tue ich so, als wäre ich prekär. Das Wort ›Trash‹ heißt Abfall, Müll. Auch schon Marx hat über das Lumpenproletariat gesagt, es sei der Auswurf der Gesellschaft, die, die es eigentlich nicht wert seien, eine Stimme zu bekommen. Ich finde es wichtig, drauf zu achten, wie wir im täglichen Sprachgebrauch andere klassistisch abwerten und uns damit vermeintlich erhöhen.« (Abou/Theißl/Witte 2020: 40)

Klassismus ist allgegenwärtig: in der Sprache, in Zuschreibungen, in gesellschaftlichen Vorstellungen und Normen. Bei der Auseinandersetzung mit Klassismus geht es immer auch um die Rückbindung an konkrete Erfahrungen in der Klassengesellschaft; Erfahrungsexpertise wird wertgeschätzt. Daher wird Wissen zu Klassismus oft in Räumen hergestellt, in denen Erfahrungen mit Ungleichheit verarbeitet und erforscht werden. Bei der Auseinandersetzung mit Klassismus geht es um konkrete alltägliche Erfahrungen der Ausgrenzung, Diskriminierung und Unterdrückung, die Menschen in der Klassengesellschaft machen. Diese Perspektiven sollten gehört werden und nicht hinter universitären Fachdebatten verschwinden. Ich plädiere daher dafür, Erfahrungsexpertise genauso ernst zu nehmen und wertzuschätzen wie Fachexpertise, und viele Menschen verfügen über beides.

Alles wäre anders: Visionen einer sozial gerechten Gesellschaft

Soziale Gerechtigkeit. Der Ausdruck mag etwas verstaubt klingen – dabei ist er aktueller und nötiger denn je. Während der Covid-19-Pandemie nahm die Zahl derer, die in Armut leben, weltweit um 160 Millionen Menschen zu. Gleichzeitig konnten die zehn reichsten Milliardär*innen ihr Gesamtvermögen auf insgesamt 1,5 Billionen US-Dollar verdoppeln. Die Zahlen stammen aus dem *Oxfam*-Bericht vom Januar 2023. Auch in Deutschland erleben wir eine immer größer werdende soziale Ungleichheit, die in Zeiten der Inflation und steigender Preise rasant an Fahrt gewinnt. In den vergangenen Monaten erlebten wir, dass Menschen Angst bekamen, ihre Heiz- und Stromkosten nicht mehr bezahlen zu können. Einkommensarme Menschen, Menschen, die im Niedriglohnsektor beschäftigt sind, haben kein Erspartes, von dem sie (über-)leben könnten. Zudem nehmen die Vorurteile gegen erwerbslose und armutsbetroffene Menschen zu, ebenso die Hassverbrechen gegen wohnungslose Menschen. Von sozialer Gerechtigkeit sind wir weit entfernt, so viel steht fest. Was aber bedeutet soziale

Gerechtigkeit überhaupt? Wie würde sich unser Alltag verändern, wenn wir mehr davon hätten?

Stellen Sie sich dafür einmal vor, in der kommenden Nacht geschähe ein Wunder. Dieses Wunder würde bewirken, dass wir in einer sozial gerechten Gesellschaft leben. Woran würden Sie am nächsten Morgen merken, dass dieses Wunder geschehen ist? Wer außer Ihnen würden es bemerken und woran? Diese sogenannte Wunderfrage habe ich bei Fortbildungen und Lesungen vielen Menschen gestellt.[3] Ich habe die Visionen von Menschen erfahren, die arm sind, die reich sind und die sich irgendwo in der Mitte befinden; von Menschen, die progressiv oder konservativ oder liberal eingestellt sind. Doch nun lassen Sie uns in die Übung eintauchen: Wie würden Sie aufwachen in einer Welt, die über Nacht sozial gerecht geworden wäre? Woran würden Sie merken, dass Sie in einer sozial gerechten Gesellschaft aufgewacht sind? Wie würden Sie sich kurz nach dem Aufwachen fühlen?

»Alles war anders«, sagen viele, wenn sie rekapitulieren, wie sie sich den Tagesbeginn in einer sozial gerechten Welt vorgestellt haben. In der Realität fühlen sich viele Menschen erschöpft von den gesellschaftlichen Dauer- und Mehrfachkrisen. Allgemein erhöhte Lebenshaltungskosten oder die Angst vor der Strom- und Gasrechnung bereiten vielen Menschen schlaflose Nächte. In einer sozial gerechten Gesellschaft, so erzählen viele, würden sie entspannter und glücklicher aufwachen. Sie würden sich anders fühlen, eine Last wäre von ihren Schultern genommen, eine Last der existenziellen Not, die sie heute oft mit sich herumtrügen. Sie selbst wären anders. Wer wären wir, wenn wir uns nicht in

---

3 Die Methode der Wunderfrage ist Teil der »lösungsfokussierten Kurztherapie« und wurde in den 1980er-Jahren von Steve de Shazer und Insoo Kim Berg entwickelt (de Shazer/Dolan 2015).

Konkurrenz zueinander setzen müssten, nicht miteinander im Wettbewerb stünden? Eine Frau, die im Niedriglohnsektor arbeitet und die nicht erben wird, erzählt: »Mein Körper fühlt sich anders an. Eine Last wurde mir von den Schultern genommen, ein unsichtbarer Rucksack abgelegt. Ich bin frei vom Existenzdruck und spüre eine neue Leichtigkeit, so wie wahrscheinlich andere ohne Erbschaftshintergrund auch.« Wie würden Sie sich fühlen? Würden Sie anders aufwachen, anders in den Tag starten – oder vielleicht auch nicht? Woran liegt das?

In was für Wohnverhältnissen würden Sie aufwachen? Aktuell wachen einige Menschen in eigenen Häusern oder geräumigen Wohnungen auf, manche in riesigen Villen, andere sind wohnungslos, erwachen in Notunterkünften oder auf der Straße. Einkommensarme Menschen beginnen ihren Tag in beengten Wohnräumen, teilen sich den Wohnraum mit zu vielen Menschen. Wie wäre der Wohnraum in einer sozial gerechten Gesellschaft aufgeteilt? Würden wir alle in ähnlichen Wohnverhältnissen aufwachen? Wem gehört dieser Wohnraum?

Vielleicht macht sich das Wunder für Sie auch daran bemerkbar, dass Sie ausschlafen können. Teilnehmer*innen, die im sozialen Bereich arbeiten, die 40 Stunden die Woche andere pflegen, erzählen genau das: dass sie endlich mal ausschlafen könnten! Wie wäre unsere Arbeitszeit in einer sozial gerechten Gesellschaft? Gäbe es dann noch eine 40-Stunden-Woche? Eine Person stellte sich vor, dass im öffentlichen Raum überall Sitz- und Stehmöbel platziert wären, an denen Menschen zusammenkommen und gemeinsam Entscheidungen treffen könnten: Dafür hätten wir Zeit in einer sozial gerechten Gesellschaft!

Trinken Sie nach dem Aufstehen einen Kaffee, einen Tee? Dass die Welt, in der Sie aufwachen, eine andere ist, würden Sie spätestens beim Blick auf die Verpackung bemerken. Der erste Kaffee am Morgen wäre selbstverständlich fair produziert worden. Wie würden globale Lieferketten und Produktionsbedingungen in einer sozial gerechten Gesellschaft aussehen? Gäbe es noch Arbeitgeber*innen und Arbeitnehmer*innen und – Lohnarbeit? Würden die meisten Menschen in Kooperativen und Genossenschaften arbeiten? Wie teuer wäre Kaffee? Vielleicht würden Sie auch etwas ganz anderes trinken – ein Getränk, dessen Produktion weniger klimaschädlich ist? Auch Menschen, die Verantwortung für Kinder haben, würden wahrscheinlich schon in den frühen Morgenstunden merken, dass etwas anders ist. Eine Person sagt dazu: »Ich müsste meine Tochter nicht mehr im Tiefschlaf wecken. Die langen Pendelstrecken fielen weg, und durch die Verkürzung der Arbeitszeit wäre mein Tag nicht mehr so durchgetaktet. Zudem wäre Sorgearbeit fairer verteilt.«

Andere würden feststellen, dass sie in einer sozial gerechten Gesellschaft leben, sobald sie auf die Straße treten:

> »Ich mache mich fertig für die Arbeit, und als ich das Haus verlasse, staune ich. Auf einem Plakat blickt mich die neue Bundeskanzlerin an: eine ostdeutsche Schwarze Frau aus der Arbeiter*innenklasse; sie ist bekannt als langjährige Aktivistin für soziale Gerechtigkeit. Auf der Straße fallen mir die vielen Väter auf, die mit Kinderwägen spazieren gehen.«

Eine andere Person erzählt:

> »Auf der Parkbank sehe ich eine vormals wohnungslose Person gemütlich frühstücken und eine Tageszeitung lesen. Die Schlagzeilen auf dem Titelblatt lauten: ›Wiedereinführung von 9-Euro-Ticket‹, ›Das Grundeinkommen für alle kommt‹ und ›Pariser Klimaabkommen: Das Maßnahmenpaket steht‹.

> Das Straßenbild hat sich radikal verändert: Autos sind keine zu sehen, dafür viele Fahrräder, Busse und Straßenbahnen.«

Auch im öffentlichen Nahverkehr wäre eine Veränderung spürbar. So erzählt ein Teilnehmer:

> »Ich gehe zur S-Bahn-Station, der Waggon ist gut gefüllt, schließlich wurde das 9-Euro-Ticket wieder eingeführt. Anstatt auf ihre Smartphones zu schauen, unterhalten sich die Menschen im Waggon oder schauen aus dem Fenster. Ich vermute, es liegt daran, dass sie sich nicht ablenken müssen: von eigenen Existenzängsten, Stress im Job oder dem Elend um sie herum.«

Viele berichten von einer Veränderung der allgemeinen Stimmung draußen: In ihrer Vision hörten sie Lachen und Menschen, die sich unterhalten; alle schienen genug Zeit zu haben.

Studierende, Schüler*innen und Lehrende, die sich an dieser Übung beteiligen, stellen sich Hochschulen und Schulen in einer sozial gerechten Gesellschaft oft anders vor: In ihrer Vision verändern sich Bildungsinstitutionen radikal. Eine Version sieht so aus: Die Gebäude wurden transformiert, neue Sitzmöglichkeiten sind entstanden; viele Personen aus der Nachbarschaft sitzen dort. Plakate und offene Türen laden zu Bildungsveranstaltungen für alle ein. Eine der Professor*innen wischt den Boden im Erdgeschoss, während einer der Reinigungskräfte mit Studierenden im Stuhlkreis über die Bedeutung von Sorgearbeit diskutiert. In der Cafeteria bereiten Studierende das Mittagessen vor. Über Nacht wurden ein Rotationsprinzip für die Arbeit und eine faire Entlohnung eingeführt. Auch die Studierendenschaft hat sich verändert, sie sind nicht mehr im Alter von 19 bis Mitte 20, sondern im Alter von 18 bis 80; sie stammen aus allen sozialen Klassen und Herkünften. Alle, die das

Gebäude betreten, werden sofort zu einer Vollversammlung eingeladen, die nun jeden Tag stattfindet. Hier werden gemeinsam Entscheidungen getroffen, und es wird verteilt, wer an diesem Tag die Mahlzeiten zubereiten, Bildungsformate organisieren und das Hochschulgebäude reinigen wird.

Falls Sie selbst einer Lohnarbeit nachgehen – wie stünde es darum in einer sozial gerechten Welt? Wie viele Stunden würden sie arbeiten – und was? Gäbe es Ihren Job noch – oder würden Sie etwas anderes tun? Wie wäre Arbeit überhaupt organisiert?

Wie sähe der Gesundheitsbereich in einer sozial gerechten Gesellschaft aus? Wie Kindertagesstätten, Grundschulen und Oberschulen? Wie unser Kulturbetrieb? Und Mobilität? Wie würde die Wirtschaft funktionieren, gäbe es noch Geld und (Finanz-)Märkte und Lohnarbeit? Wie wären Beziehungen und Familien organisiert? Wie würde Politik funktionieren? Wie die Lebensmittelversorgung? Wie stünde es um die Klimapolitik?

In all diesen und vielen weiteren Bereichen spielt die Frage sozialer Gerechtigkeit eine Rolle. Mit diesem Buch möchte ich Sie mitnehmen auf den Weg hin zu einer sozial gerecht(er)en Gesellschaft. Ich habe mit unterschiedlichen Menschen darüber gesprochen, was das für sie bedeutet, was die nächsten Schritte sein könnten und was Einzelpersonen ganz konkret dafür tun können.

2 Mit »Hartzer Käse« und Hashtag: Erwerbslose und Armutsbetroffene organisieren sich

Wer Sozialleistungen bezieht, egal ob Grundsicherung, Sozialhilfe, Arbeitslosengeld oder Bürger*innengeld, ist in unserer Gesellschaft Vorurteilen und Stigmatisierungen ausgesetzt. Erwerbslose Menschen werden häufig als faul, ungebildet und ungepflegt dargestellt, und ihnen wird unterstellt, sie seien selbst schuld an ihrer Lage. Dieses Vorurteil ist klassistisch und wälzt ein gesamtgesellschaftliches Problem auf einzelne Personen ab (Seeck 2022: 9).

Bei Podiumsgesprächen zu sozialer Gerechtigkeit sind erwerbslose Menschen selten vertreten. Wenn ich Fortbildungen zu sozialen Themen anbiete, stelle ich außerdem immer wieder fest: Zur Selbstorganisierung erwerbsloser Menschen ist wenig Wissen vorhanden. Dabei gibt es eine lange Geschichte der Erwerbslosenbewegung! Meine Mutter fing während meiner Kindheit an, sich in der Erwerbslosenbewegung zu engagieren. Gemeinsam mit anderen Menschen, die Sozialhilfe oder Arbeitslosenhilfe bezogen, setzte sie sich gegen die Einführung von Hartz IV, den Abbau des Sozialstaates und die Stigmatisierung erwerbsloser Menschen ein. Gemeinsam gründeten sie die Gruppe *Die Hängematten*. Die Beteiligten trafen sich mehrmals die Woche miteinander, diskutierten, planten Aktionen. Da meine Mutter alleinerziehend war, war ich bei den *Hängematten*-Treffen oft dabei. So lernte ich früh viel über die Selbstorganisierung von unten.

In diesem Kapitel skizziere ich zunächst die Geschichte der Selbstorganisierung erwerbsloser Menschen in Deutschland – eine Geschichte, die allzu oft vergessen wird. Danach wende ich mich der Bewegung #IchBinArmutsbetroffen zu und zeige, wie einkommensarme Menschen sich heute organisieren und für eine sozial gerechte Gesellschaft eintreten. Was können wir aus diesen Bewegungen lernen? Welche Formen der Unterstützung bieten sie?

Mit Hängematten und Gladiatoren gegen die Arbeitsmarktreform

1997 gründeten Sozialhilfebezieher*innen und Erwerbslose in Berlin aus Ost und West den Verein *Die Hängematten*. Auf einem Flyer von damals heißt es: »Eine Solidarisierung von NiedriglohnbezieherInnen, Arbeitslosen und SozialhilfebezieherInnen ist ein wichtiges Anliegen unserer Initiative.« Bis 2002 organisierten die Beteiligten Erwerbslosenfrühstücke, sie boten Sozialberatungen und Begleitungen zu Ämtern an und veranstalteten Diskussionsabende. Themen waren zum Beispiel: die Zukunft der Armut, soziale Sicherungssysteme sowie Psyche und Armut. Kostenlose Mahlzeiten wie das Frühstück waren nötig und gut besucht. Außerdem gab es eine Kultur-AG; dort wurden Theaterstücke gelesen und Kulturprojekte vorbereitet. In oft humorvollen Aktionen und gemeinsam mit anderen Initiativen trugen die *Hängematten* ihren Protest auf die Straße und an Orte des Geschehens. So statteten sie dem Neuköllner Sozialamt einen Besuch ab unter dem Motto: »Der Faulpelz ist der einzige Pelz, den wir uns leisten können. Faulpelz steht uns gut.« In der Presseerklärung machten sie auf Schikanen durch Leitung und Mitarbeitende des Amtes aufmerksam und darauf, dass durch die geltende Gesetzgebung Grundrechte wie die Unverletzlichkeit der Wohnung oder das Recht der Freizügigkeit außer Kraft gesetzt würden.

Die *Hängematten* waren mit ihrer Kritik und ihrem Protest nicht allein. In den frühen 2000er-Jahren machte eine wachsende Erwerbslosenbewegung gegen die geplante Arbeitsmarktreform, die Hartz-Gesetze, mobil. Mit dieser Reform beabsichtigte die damalige Bundesregierung unter Gerhard Schröder die Zusammenlegung von Arbeitslosen- und Sozialhilfe. Die davon Betroffenen fürchteten, dass dadurch der Druck auf Erwerbslose, schlecht bezahlte Jobs anzunehmen, steigen würde – und dass Erwerbslose in Niedriglohnjobs gedrängt würden. (Und so kam es dann ja auch.) Als Reaktion taten sich Erwerbslose zusammen, sie gründeten neue Initiativen oder schlossen sich bestehenden an und schmiedeten bundesweite Bündnisse. Gemeinsam trugen sie ihren Protest auf die Straße, vor die Ämter und zu den politischen Entscheidungsträger*innen: Auf kreative Weise und häufig mit den Mitteln Humor, Ironie oder Satire machten sie darauf aufmerksam, dass die geplante Reform den Sozialstaat abzubauen und die Schere zwischen Arm und Reich zu vergrößern droht.

Am 7. Juni 2002 organisierten mehrere Erwerbsloseninitiativen gemeinsam einen bundesweiten Aktionstag, der Journalist Peter Nowak berichtete darüber: »Am Freitagvormittag kamen Autofahrer im Berliner Regierungsviertel nur langsam voran. Das lag an einem überdimensionalen und aufblasbaren Postpaket, das im Schneckentempo durch die Straßen gezogen wurde« (Nowak 2002). Auf dem Paket stand in großen Buchstaben »Hände weg von der Arbeitslosenhilfe«, Absender waren Berliner Erwerbsloseninitiativen und die *Koordinierungsstelle gewerkschaftlicher Arbeitslosengruppen* (KOS). Überbracht wurde es an die Parteizentralen von SPD und Grünen und an das

Arbeits- und Finanzministerium, die Botschaft lautete: »Wir haben es satt, dass immer mehr Personen in Armut gedrängt werden, ob mit oder ohne Arbeit« (ebd.). Die beteiligten Initiativen forderten die Einführung eines Existenzgeldes für alle. Dem Geschäftsführer der Hartz-Kommission überreichten sie neben einem Flugblatt eine Har(t)zer-Käse-Platte, die mit einem Fähnchen geschmückt war: »Hartzer Käse stinkt«.

Weitere Aktionstage folgten. Es beteiligten sich jeweils zwischen 80 und 150 Menschen. Dass es nicht mehr waren, hing auch mit der Vereinzelung erwerbsloser Menschen zusammen, den Gefühlen der Scham, die mit Erwerbslosigkeit und Einkommensarmut einhergehen, und der Angst, als »Faulenzer« abgestempelt zu werden. So schrieb die Journalistin Jana Frielinghaus in Zusammenhang mit den Protesten, dass die Mehrheit der Betroffenen ihre Arbeitslosigkeit als individuelle Schwäche begreife – und nicht als Merkmal einer Gesellschaft, in der mit immer weniger Menschen immer mehr produziert werde (Frielinghaus 2022). Das Medienecho war recht groß: Mit ihren Aktionen schafften es die Erwerbslosenaktivist*innen in die Tagesschau und in die Tagesthemen (ARD), und auch das heute Journal (ZDF) berichtete.

Im Nachgang der Aktionstage gewannen die lokalen Erwerbsloseninitiativen an Zulauf. Bei den *Hängematten* organisierten sich nun über 50 Menschen, zu Veranstaltungen zu den Hartz-Reformen kamen oft über 100 Personen, den Demonstrationen gegen die Hartz-Reform schlossen sich mehr und mehr Menschen an. In Berlin zog Anfang Dezember 2002 eine Demonstration unter dem Motto »Was tun! Gegen Hartz und Co« von Arbeitsamt zu Arbeitsamt, begleitet durch die Musik von *Ton Steine Scherben*. Beim *Global Action Day* am 19. Dezember 2002 fand eine Aktion vor dem Sozialamt Neukölln statt: Dem Amt wurde der Wanderpokal *goldener Tretstiefel* für das »mieseste Sozialamt der Republik« überreicht.[4] 2003 fanden in Berlin, in Frankfurt am Main, in Hamburg und in mehreren Städten im Ruhrgebiet Demonstrationen gegen die Hartz-Reform statt. Die Berliner Demonstration begann vor dem Arbeitsamt (heute die Agentur für Arbeit) im Bezirk Wedding, wo die Arbeitslosigkeit besonders hoch war; ironisch forderten die Aktivist*innen die umgehende Einführung der Sieben-Tage-Woche und des 14-Stunden-Tages, die Senkung der Lohnkosten auf zwei Euro und die Möglichkeit, die Ausbildung durch Organspende zu finanzieren. An Passant*innen verteilten sie Flugblätter, die über die Folgen der Hartz-Gesetze informierten und Möglichkeiten des Widerstandes dagegen aufzeigten.

Am 1. Januar und am 1. April 2003 traten die ersten Hartz-Gesetze in Kraft, der Abbau des Sozialstaates begann. Am 1. Juni 2003 protestierten über 1000 Erwerbslosenaktivist*innen vor dem Sonderparteitag der SPD im Hotel Estrel. Dort beschloss die SPD ihre *Agenda 2010*, mit der Arbeitslosenhilfe und Sozialhilfe zusammengelegt und der Bezug des Arbeitslosengeldes auf zwölf Monate begrenzt wurde (Hägler 2003). Helena Steinhaus und Claudia Cornelsen schreiben in ihrem Buch *Es braucht nicht viel* zu den Hartz-Gesetzen:

> »Egal, wie lange sie in die Arbeitslosenversicherung eingezahlt hatten, nach einem Jahr gab's keine Leistungen mehr. Aber Hartz4 bekam man erst, wenn man so gut wie all seine Ersparnisse aufgezehrt hatte. Lediglich ein kleines ›Schonvermögen‹ von 150 Euro pro vollendetem Lebensjahr durfte man noch auf dem Konto haben. Und wer versuchte, etwas dazuzuverdienen,

4 Flyer (Privatarchiv).

der durfte nur die ersten 100 Euro behalten; alles darüber wurde bis zu 90 Prozent wieder abgeknöpft.« (Steinhaus/Cornelsen 2023: 26)

Vor dem Hotel inszenierten Erwerbslosenaktivist*innen einen Gladiatorenkampf um Arbeitsplätze. Die »Gladiatoren des Jobwunders« gelobten auf der imaginären Bühne zunächst,

> »nicht zu murren, wenn uns die Arbeitslosenhilfe gestrichen wird und wir ins Sozialhilfeniveau fallen, denn es schafft Arbeitsplätze. Wir geloben, nicht zu maulen, wenn uns das Arbeitslosengeld gekürzt wird, obwohl wir jahrzehntelang gearbeitet und eingezahlt haben, denn das schafft Arbeitsplätze. Wir geloben, nicht auf die Barrikaden zu gehen, wenn wir als Jugendliche überhaupt keine Stütze mehr bekommen, denn das schafft Arbeitsplätze.«[5]

Danach traten gegeneinander an: die Gladiatoren Ich-AG, Minijob und Leiharbeit.

Auch als die Hartz-Reformen beschlossene Sachen waren, gaben die Erwerbslosenaktivist*innen nicht auf, sie machten weiter auf menschenunwürdige Bedingungen und Klassismus aufmerksam. 2004 organisierten sie die »Antiquitätendemo – Protest gegen Hartz 4«. Im Demoaufruf schrieben sie: »Peinlich genau und ziemlich kleinlich prüfen die Bundesagentur für Arbeit und die Sozialämter derzeit mit detaillierten Fragebogen die Lebensverhältnisse der Langzeitarbeitslosen, um zu entscheiden, ob sie denn auch bedürftig genug sind, das Arbeitslosengeld 2 zu erhalten.«[6] Bei unvollständigen Angaben werde mit strafrechtlichen

5 Flyer: Agenda 2010. (Privatarchiv.)

6 Aufruf: Berlin: Antiquitätendemo im Wedding. Dokumentiert auf: https://www.nadir.org/nadir/aktuell/2004/09/11/25473.html (zuletzt aufgerufen am: 01.12.2023).

Konsequenzen gedroht. Die Aktivist*innen antworteten mit einer satirischen Zuspitzung und luden dazu ein, gemeinsam zum Sozialamt zu ziehen »und unsere potenziellen Wertstücke den Sachbearbeitern im Arbeitsamt zur Begutachtung auf den Schreibtisch zu stellen«.[7]

Viele Teilnehmer*innen der Erwerbslosenproteste forderten angesichts der Hartz-Beschlüsse einen landesweiten Generalstreik. Sie kritisierten, dass Arbeitslose schneller in die Sozialhilfe rutschten, und interpretierten die Abschaffung der einstigen Arbeitslosenhilfe als Mittel, um die Löhne zu drücken. Das neue Arbeitslosengeld II (»Hartz IV«) verschärfe die finanzielle Situation Betroffener: »Ein Cappuccino im Café bringt den ganzen Tagesbedarf durcheinander. [ ] Alles was das Leben angenehm macht, ist für Sozialhilfebezieher*innen Luxus.«[8] Der Erwerbslosenaktivist Thomas Schröder, arbeitsloser Krankenpfleger und beim Ver.di-Erwerbslosenausschuss engagiert, sprach von einem »bodenlosen« Abbau des Sozialstaates.

Am 1. November 2003 kamen dann 100.000 Menschen zu einer Großdemo gegen den Sozialkahlschlag zusammen. Im Jahre 2004 fanden Montagsdemonstrationen gegen die Einführung von Hartz IV statt. Der Sammelband *Klassen-Los. Sozialer Widerstand von Hartz IV bis zu den Teuerungsprotesten*, herausgegeben von Anne Seeck, Gerhard Hanloser, Peter Nowak und Harald Rein im Jahr 2023, gibt einen Überblick über das Thema. So schreiben die Mitglieder der *Freien Arbeiter*innen-Union* (FAU) Paul Geigerzähler und Lutz Neuber über ihre persönlichen Erfahrungen während der Hartz-IV-Proteste in Berlin und Magdeburg – anlässlich

---

7 Ebd.

8 Flyer: 1. 7. Tag der SozialhilfebezieherInnen. Privatarchiv.

ihres 20-jährigen Jubiläums. Paul Geigerzähler schreibt zu den Montagsdemos:

> »Aus dem scheinbaren Nichts heraus war plötzlich eine Massenbewegung entstanden – im Osten die letzte mit (im Wesentlichen) linker Hegemonie. Zwar versuchten auch damals schon Rechte anzudocken – mit mäßigem, lokal begrenztem Erfolg, weil Linke und GewerkschafterInnen nach 2-jähriger Vorarbeit einfach glaubwürdiger waren.« (Geigerzähler 2023: 80)

In Magdeburg war die Situation schwieriger, wie Lutz Neuber berichtet:

> »Die Masse der Linken war auch völlig damit ausgelastet, die Nazis von der Demo fernzuhalten. Schließlich gab es irgendwann einen faulen Kompromiss mit dem Orgateam, dass Letztere mit einem gewissen Abstand von der Demo hinterherlaufen dürften. Den meisten war es letztlich aber völlig egal, wer da in der Demo teilnimmt – Hauptsache möglichst viele.« (Neuber 2023: 83 f.)

Er sieht im Laufe der folgenden Jahre ein »völliges Versagen der Linken«, die »die soziale Frage aus ihrem Handlungshorizont verdrängt« hätten (ebd.: 87). Der Sammelband *KlassenLos* beschäftigt sich auch mit den gescheiterten Teuerungsprotesten im Herbst 2022 und fragt, was bei der Massenbewegung 2003/2004 noch anders war. Einen Erklärungsversuch unternimmt der Artikel *Prozesse der Entfremdung* meiner Mutter Anne Seeck. Sie schreibt abschließend: »Ein Großteil der Armuts- und Arbeitermilieus hat sich aber von linker Politik abgewendet – wie wir jene Menschen wieder erreichen können, sollte Gegenstand einer Selbstreflexion der Linken sein« (Seeck 2023: 206).

Verhindern konnte die Erwerbslosenbewegung die Hartz-Reformen bekanntermaßen nicht. Anfang 2005 wurden Arbeitslosen- und Sozialhilfe zusammengelegt, und Hartz IV wurde eingeführt. Die sozialen Folgen waren und sind verheerend. Dazu gehören ein massiver Sozialabbau, der Ausbau der Leiharbeit und generell des Niedriglohnsektors, eine Entsolidarisierung zwischen Erwerbstätigen und Erwerbslosen und eine zunehmende Kontrolle der Erwerbslosen. Die materielle Situation von Millionen Menschen hat sich durch die Reform verschlechtert. Helena Steinhaus und Claudia Cornelsen schreiben hierzu: »Die schwarz-pädagogische Devise ›Fordern und Fördern‹, aber vor allem die brutal kleingerechneten Regelsätze bilden weiterhin ein zynisches, pseudorationales, menschenverachtendes System« (Steinhaus/Cornelsen 2023: 229). Auch die klassistische Diskriminierung erwerbsloser und einkommensarmer Menschen nahm zu (Baron/Steinwachs 2012). Wenngleich die damalige Erwerbslosenbewegung die Reformen nicht verhindern konnte, war der Protest wichtig. Heutige und zukünftige Bewegungen erwerbsloser und armutsbetroffener Menschen können daran anknüpfen.

Etwa 20 Jahre nach der Reform und den Protesten dagegen, im Jahr 2022, nahm die Bewegung #IchBinArmutsbetroffen ihren Anfang. Unter diesem Twitter-Hashtag zeigen seitdem mehr und mehr Personen auf, was es bedeutet, in einem reichen Land wie Deutschland arm zu sein – und wie sehr Armut mit Stigmatisierung und Ausgrenzung verbunden ist. Der erste Tweet stammte von einer alleinerziehenden Mutter mit dem Pseudonym »Finkulasa«:

»#IchBinArmutsbetroffen

Ich würde mich freuen, wenn ihr mitmacht. Nur ein kleiner Tweet zu euch. Lasst uns zeigen, wer wir sind (nicht zwingend mit Foto!), dass wir KEINE Zahlen sind. Ob H4, Rente, Aufstocker oder oder oder ^^« – Tweet von @Finkulasa, 12. Mai 2022

Viele, viele andere machten mit. Bis Ende Juni 2022 sammelten sich über 100.000 Tweets unter dem Hashtag #IchBinArmutsbetroffen. Darin berichten Armutsbetroffene, was Armut und steigende Preise im Alltag bedeuten und welche Erfahrungen der Ausgrenzung sie erfahren: im Gesundheitssystem, im Jobcenter, auf dem Wohnungsmarkt, im Bildungssystem und in den Medien. Immer wieder werden auch Gründe für Armut angesprochen, eine Krankheit etwa, die Pflege von Angehörigen oder Schicksalsschläge.

»#IchBinArmutsbetroffen hieß für mich heute im Supermarkt zu stehen, die Preise zu sehen und fast zu weinen. Eigentlich wollte ich endlich meinen Kindern den Wunsch nach einer Wassermelone erfüllen, die sie seit Wochen haben wollen. Ich musste sie wieder enttäuschen.« – Tweet von @LuffyLumen, 14. Mai 2022

»War heute unterwegs, Flaschen sammeln. Das ist mir super unangenehm. Ich erzähle euch davon, weil auch das ein Teil von #IchBinArmutsbetroffen ist. Zumindest für mich. Ich bin da immer abends, nachts unterwegs, da sehen mich weniger Menschen. – Aber ich habe 6,70 € zusammen.« – Tweet von @IchEinfachEla, 22. August 2022

»#IchBinArmutsbetroffen ist auch, wenn du in einem Krankenhaus die ersten Tage völlig überwältigt vom Buffet für ›Kassenpatienten‹ bist und dann überlegst, lieber dieselben Dinge wie zuhause zu essen, um dich nicht daran zu gewöhnen und zuhause dann viel zu vermissen.« – Tweet von @Narbenball, 25. August 2022

Die Anonymität des Internets erleichterte es, Erfahrungen in die Öffentlichkeit zu bringen, die oft stark mit Scham verbunden sind. Heute findet die Bewegung, die im virtuellen Raum ihren Anfang nahm, aber auch auf der Straße statt. Aktivist*innen organisieren Demonstrationen und Kundgebungen, auf denen sich armutsbetroffene Menschen und Verbündete vernetzen und politische Veränderungen einfordern. Petitionen und Offene Briefe machen die Runde. Auf der Website von #IchBinArmutsbetroffen informieren Aktivist*innen über Armut in Deutschland und über anstehende Proteste:

> »Noch nie lebten so viele Menschen in Deutschland am Existenzminimum wie heute. 13,8 Millionen Menschen. Angesichts der aktuellen Inflation steigt die Armutsgefährdung in Deutschland rasant. Einmalige Ausgleichszahlungen etwa für Energie verpuffen. Immer mehr Armutsbetroffene wissen bereits Mitte des Monats nicht mehr, wie sie über die Runden kommen sollen. Es geht um Essen, Energiekosten und Angst vor der zukünftigen Entwicklung, die Menschen sind verzweifelt. Um es unmissverständlich zu formulieren: Wenn die Regierung keinen Rettungsfallschirm schickt, werden Menschen in Deutschland verhungern.« (OneWorryLessFoundation o. A.)

Entstanden ist eine neue Bewegung für soziale Gerechtigkeit.

Aus Vereinzelung und Scham heraustreten

Was können wir von der Erwerbslosenbewegung um die 2000er und von der heutigen Bewegung #IchBinArmutsbetroffen lernen? Beiden Bewegungen gelang es, die Vereinzelung und die Scham zu überwinden, die mit Einkommensarmut und Erwerbslosigkeit allzu oft einhergehen. Die kapitalistische Erzählung besagt: »Wer arm ist, ist selbst schuld.« Diese Erzählung gilt es zu hinterfragen – und stattdessen die gesellschaftlichen Ursachen sozialer Ungleichheit in den Blick zu nehmen. Eine der Aktivist*innen von #IchBinArmutsbetroffen berichtet in einem Interview:

> »Man ist in diesem Teufelskreis gefangen, dass man selbst glaubt, man verdient keine Hilfe, weil einem ständig suggeriert wird: Es muss reichen. Wir sind ein Sozialstaat, wir kümmern uns. Ihr seid nur zu doof, um damit klar zu kommen. Das sitzt tief. Und ich glaube auch nicht, dass es so leicht ist, aus diesem Gedankengang rauszukommen. Ich spüre das bei mir selbst. Und ich glaube, anderen geht es da sogar noch wesentlich schlimmer.« (W./Ufer 2022)

Beide Bewegungen halfen Menschen, diesen »Teufelskreis« zu durchbrechen: aus der Vereinzelung und aus der Scham herauszutreten, sich zu vernetzen und Sichtbarkeit zu erzeugen. Am Anfang waren es Einzelpersonen, die diesen Schritt wagten. Aber mit der Zeit schlossen sich mehr und mehr Menschen an. Bei der Erwerbslosenbewegung der 2000er-Jahre halfen dabei vermutlich auch humorvolle Aktionen: Die Mittel der Ironie und Satire boten Möglichkeiten der Gegenwehr und Selbstermächtigung – und die Proteste machten Spaß. 20 Jahre später erleichterten die Sozialen Medien den Einstieg, da Vernetzung und Austausch so einfach und anonym möglich waren. Beide Bewegungen lenkten die Aufmerksamkeit darauf, dass soziale Ungleichheit ein Ergebnis politischer Entscheidungen ist, beispielsweise der Hartz-Reformen – und damit veränderbar.

Inzwischen wurde das Arbeitslosengeld II in das Bürgergeld umgewandelt, diese Änderung trat zum 1. Januar 2023 in Kraft. Verbessert hat sich leider wenig: Der Regelsatz wurde auf 563 Euro für Alleinstehende erhöht – angesichts der Inflation und der steigenden Preise noch viel zu wenig –, die Sanktionen und die Kontrolle einkommensarmer Menschen bleiben. Wer einen Antrag auf Bürgergeld stellen will, muss sich nach wie vor durch viele Seiten Formulare kämpfen, in denen sehr private Dinge abgefragt werden. Wer in Deutschland einkommensarm ist und auf Sozialleistungen angewiesen, dem wird das Recht auf Privatsphäre verweigert. Diese Behandlung erleben viele als beschämend. Umso wichtiger ist und bleibt es für Armutsbetroffene, Erwerbslose und Verbündete, sich aus der Vereinzelung zu lösen, sich zu organisieren. Ermutigung und Anregungen können vorangegangene und bestehende soziale Bewegungen liefern. Die Berliner Erwerbsloseninitiative *Basta* betont:

> »Armut ist in der Regel durch (soziale und regionale) Herkunft bedingt. Die gesellschaftliche Erzählung jedoch individualisiert die Verantwortung für Armut, und gemäß dieser Wertung, dass Armut selbst verschuldet sei, werden wir auch behandelt. Leute, die zu uns kommen, sind deshalb oft stark verunsichert. Sie vertrauen sich selbst, ihrem Wissen und ihren Erfahrungen nicht mehr. Hier setzen wir praktisch an.« (Basta 2020: 60)

Übrigens können auch Menschen aus der Mittel- oder Oberklasse aktiv werden, indem sie sich mit Armutsbetroffenen und Erwerbslosen solidarisieren. Sie können sich darüber informieren, welche lokalen Vereine und Organisationen es gibt und was sie fordern – und sie dabei unterstützen. Natürlich freuen sich viele Gruppen über Spenden, da die Beteiligten in der Regel ehrenamtlich arbeiten, und oft muss die Miete für die Räumlichkeiten erst mühsam aufgebracht werden. Eine andere Form der Solidarität besteht darin, den Initiativen zu mehr Sichtbarkeit zu verhelfen, sich ihren

Kämpfen anzuschließen und sich für eine Veränderung der Verhältnisse einzusetzen. Demonstrationen und Kundgebungen von #IchBinArmutsbetroffen können besucht und andere können darauf aufmerksam gemacht werden, zum Beispiel in den Sozialen Medien. Vielleicht besteht auch die Möglichkeit, Aktivist*innen als Gastredner*innen einzuladen? Armutsbetroffenen Menschen wurde aufgrund klassistischer Strukturen lange nicht zugehört, und auch heute gibt es viele Menschen, die dazu nicht bereit sind. Sie selbst können es anders machen. Im Alltag kann jede*r einzelne von uns gegen Vorurteile und Stereotype angehen, indem wir einschreiten, wenn sich eine Person pauschalisierend und abwertend über Erwerbslose äußert. Es gibt viele Möglichkeiten, Erwerbslose und Armutsbetroffene zu unterstützen, egal wo man selbst steht.

Einkommensarmut wird gesellschaftlich tabuisiert. Viele Menschen sind betroffen, doch nur wenige sprechen darüber. Umso wichtiger sind Erwerbslosenbewegungen und Kampagnen wie #IchBinArmutsbetroffen: Zum einen dienen sie der Selbstermächtigung, zum anderen setzen sie das Thema auf die politische Agenda. Einkommensarmut ist keine individuelle Angelegenheit, sondern eine gesamtgesellschaftliche. Die Bekämpfung von Einkommensarmut und die Förderung sozialer Gerechtigkeit ist eine Aufgabe, die uns alle betrifft.

3 »Zwischen den Klassen«. Klassenübergänger*innen und wie sie klassismuskritisch handeln

Was ist meine soziale Herkunft, wo komme ich her? Was ist mein aktueller sozialer Status, meine Klassenposition, wo stehe ich jetzt? Der soziale Status kann sich im Laufe des Lebens ändern, aber wir alle sind durch unsere soziale Herkunft geprägt. »Sozialer Aufstieg« ist in unserer Gesellschaft die Ausnahme, die meisten Menschen bleiben in der sozialen Klasse, in die sie hineingeboren wurden. Und doch gibt es Menschen, die den ihnen gesellschaftlich zugewiesenen Ort verlassen: die aus der Arbeiter*innen- oder Armutsklasse kommend Teil der Mittel- oder Oberklasse werden oder die als Erste in der Familie Abitur machen oder studieren. Die französische Philosophin Chantal Jaquet nennt sie »Klassenübergänger*innen« (Jaquet 2018). Der Begriff wird als Alternative zu dem stärker wertenden Ausdruck »(soziale) Aufsteiger*innen« verwendet (dazu unten mehr). Ich bin selbst Klassenübergänger*in: In meiner Kindheit und Jugend habe ich mit meiner Mutter Sozialhilfe bezogen, wir waren armutsbetroffen, heute bin ich Professor*in.

»Zwischen den Klassen«, so beschreibt Chantal Jaquet in ihrem Buch die Situation von Klassenübergänger*innen. Diese Position ist mit vielen Herausforderungen verbunden, zum Beispiel mit Scham für die eigene Herkunftsfamilie, aber auch mit dem Gefühl, am neuen »Ort« nie richtig anzukommen. Seit einigen Jahren melden sich mehr und mehr Klassenübergänger*innen in öffentlichen Debatten zu Wort, zum Beispiel Annie Ernaux, Didier Eribon, Daniela Dröscher oder Christian Baron. In diesem Kapitel will ich vor allem auf die Frage eingehen, wie man als Klassenübergänger*in klassismuskritisch handeln kann, wie man wegkommen kann von der Scham hin zu solidarischem Handeln.

Ich hatte die schöne Möglichkeit, über diese Fragen mit anderen Klassenübergänger*innen zu sprechen. 2022 und 2021 moderierte ich jeweils eine Praxisgruppe für Klassenübergänger*innen. Wir trafen uns ein halbes Jahr lang und diskutierten über die eigene Erfahrung und was daraus resultiert. Die eine Gruppe traf sich online, die andere offline in Berlin. Bei der ersten gingen wir ausschließlich von unseren eigenen Erfahrungen aus, in der zweiten Gruppe besprachen wir Jaquets Buch *Zwischen den Klassen* (2018). Das Konzept der Praxisgruppe ist angelehnt an die Organisation *Resource Transformation – rückverteilen bewegt* (rtrb), die ich im nächsten Kapitel vorstellen werde. rtrb organisiert eine Praxisgruppe für klassenprivilegierte Menschen, die sich mit den eigenen Privilegien auseinandersetzen und gesellschaftliche Verantwortung übernehmen wollen. Im Austausch mit den rtrb-Organisator*innen entstand die Idee, solche Gruppen auch für Klassenübergänger*innen und für klassismusbetroffene Menschen aufzubauen: um einen geschützten Raum *(safer space)* für Austausch, im Falle der Klassenübergänger*innen auch für die Auseinandersetzung mit Privilegien zu schaffen. In den Praxisgruppen sprachen wir über ganz unterschiedliche Themen: über die Beziehung zur eigenen Herkunftsfamilie, über Klassenunterschiede in Freund*innenschaften, über Klassismus und psychische Gesundheit, Altersarmut, über das Reden/Schweigen über Geld, über das Hochstapler*innensyndrom

(Impostor-Syndrom). Einige unserer Erkenntnisse werde ich in diesem Kapitel teilen.

In ihrem Buch *Zwischen den Klassen. Über die Nicht-Reproduktion sozialer Macht* analysiert Chantal Jaquet, warum und unter welchen Bedingungen der »soziale Aufstieg« gelingen kann. Die Autorin stammt selbst aus einkommensarmen Verhältnissen und ist heute Professorin. Anhand von Romanen von Klassenübergänger*innen schaut sie sich die Bedingungen an, die es Personen ermöglichen, sich von dem Platz zu entfernen, der ihnen gesellschaftlich zugewiesen wurde. Der Begriff des »sozialen Aufstiegs«, so betont Chantal Jaquet, sei dafür irreführend, denn der Klassenübergang sei »keineswegs gleichbedeutend mit Erhöhung oder systematischem Gewinn, sondern läuft fast immer auf einen Verlust hinaus« (Jaquet 2018: X). Sie beschreibt den Verlust der Zugehörigkeit und den Verlust des Herkunftsmilieus, während viele gleichzeitig das Gefühl hätten, woanders nie völlig anzukommen. Der Soziologe Pierre Bourdieu bezeichnet dies als »gespaltenen Habitus«: Diejenigen, die sich von ihrer Herkunftsklasse entfernen, verändern sich und können oft nicht mehr zurück, werden aber auch nicht ankommen (Bourdieu 1987). Habitus bezeichnet in der Darstellung Jaquets den eigenen Lebensstil, die eigene Sprache, den eigenen Geschmack, die auf gesellschaftlichen Klassenunterschieden gründen (Jaquet 2018: 11).

Anders als Bourdieu, der sich die Reproduktion von sozialer Ungleichheit angeschaut hat, nimmt Jaquet gerade die Ausnahmen in den Blick – den Übergang von einer Klasse in die andere. Wie erfinden Klassenübergänger*innen eine neue Existenz innerhalb der bestehenden Ordnung (Jaquet 2018: 14)? Dabei stellt Jaquet fest, dass niemand der eigenen Vergangenheit völlig entkommt. Um den Übergang von einer Klasse in eine andere – den Weg von der Welt der Beherrschten in die Welt der Herrschenden (Jaquet 2018: 27) – zu beschreiben, schlägt sie den Begriff »transclass«[9] vor (Jaquet 2018: 19). Sie macht außerdem darauf aufmerksam, dass Klassenübergänger*innen oft benutzt werden, um die soziale Ordnung zu stärken – nach dem Motto: »Wer will, der kann!« (Jaquet 2018: 15). In linkspolitischen Kreisen würden sie deshalb manchmal unter dem Deckel gehalten (ebd.).

Beim Übergang, beim Nie-ganz-Ankommen spielt die Klassenscham eine besondere Rolle: Viele Klassenübergänger*innen schämen sich ein Leben lang, und zwar doppelt: für ihre Herkunftsfamilie und dafür, dass sie sich schämen. Scham, so betont Chantal Jaquet, bleibt »einer der beständigsten Marker auf dem Lebensweg der Klassenübergänger« (Jaquet 2018: X). Wie es überhaupt zur Scham kommt? – Klassistische Vorurteile gegenüber armutsbetroffenen Menschen und Arbeiter*innen verlagern sich in die Körper der Klassenübergänger*innen, so entsteht Scham. Wie kann man mit der Klassenscham und mit dem Gefühl der fehlenden Zugehörigkeit umgehen, sodass klassismuskritisches Handeln möglich wird? Ein wichtiger Schritt für Klassenübergänger*innen besteht darin, die eigenen klassistischen Stereotype zu erkennen, die damit verbundene Scham anzuerkennen und zu verstehen. Zudem kann ein wichtiger Schritt die Selbstermächtigung sein, zum Beispiel durch die Aneignung neuer Begriffe.

9 »Transclass« kann übersetzt werden als das Wegbewegen von der Klassenzugehörigkeit der Herkunftsklasse.

Neue Selbstbezeichnungen finden: Klassenquer und Zwischen den Klassen

In ihrem Essay *Nieder mit der Sprossenwand! Brechen wir mit den Vorstellungen vom sozialen Aufstieg* kritisiert Olja Avir problematische Diskurse rund um den »sozialen Aufstieg«. Der Begriff reproduziere klassistische Vorstellungen von oben und unten: »Denn im Denksystem ›sozialer Aufstieg‹ gibt es als *nieder* verachtete Tätigkeiten, die als etwas gezeichnet werden, das im Optimalfall in der eigenen Biografie zurückgelassen werden kann, und zwar durch herausragende persönliche Leistungen« (Avir 2020: 25). Auch ich sehe den Begriff »sozialer Aufstieg« kritisch. Oft hat er einen klassistischen Unterton. Dann wird der Übergang in eine »höhere Klasse« als ausschließlich positiv bewertet, und die Herkunftsklasse wird als negativ und defizitär beschrieben. Hierbei liegt der Fokus oft auf der Anpassung an die Normen einer »höheren Klasse«.

Es gibt viele negative Begriffe, mit denen Klassenübergänger*innen von ihrem Ankunfts- oder Herkunftsmilieu betitelt werden, zum Beispiel »Emporkömmling« oder »sich für etwas Besseres zu halten«. Daran wird deutlich, dass das sogenannte Ankunftsmilieu oft negativ auf die neu Dazugekommen schaut. Gleichzeitig werden Klassenübergänger*innen von ihrem Herkunftsmilieu unter Umständen als Klassenverräter*innen angesehen; auch Antiintellektualismus kann dabei eine Rolle spielen.

Auch für den Prozess des Klassenübergangs gibt es verschiedene Begriffe, die unterschiedliche Erfahrungen hervorheben, neben »sozialer Aufstieg« zum Beispiel »Milieuwechsel«, »Bildungsaufstieg« oder »Klassenwechsel«. Brigitte Theißl und Betina Aumair verwenden den Begriff Klassenreise für einen Übergang von der Arbeiter*innen-

oder Armutsklasse in die Mittel- oder Oberklasse (Aumair/Theißl 2020). Hier ist es spannend, für sich selbst zu überlegen oder sich mit anderen darüber auszutauschen, warum man welche dieser Begriffe (nicht) verwenden möchte. In der Praxisgruppe stellten wir uns immer wieder die Frage: Lässt sich die Klasse überhaupt *wechseln*? – Aber richtig zurückgehen, das geht eben auch nicht. Zuspruch fand deshalb der Ausdruck, »zwischen den Klassen« zu stehen. Daniela Dröscher wiederum nutzt in ihrem Buch *Zeige deine Klasse* für sich den Begriff »klassenquer« (Dröscher 2018).

Ein erster klassismuskritischer Schritt von Klassenübergänger*innen kann also sein: die negativen Beschreibungen, die von Stereotypen über unsere Herkunftsklasse und über Klassenübergänger*innen geprägt sind, kritisch zu hinterfragen und anders über uns und unsere Erfahrungen zu sprechen. Wir können andere Begriffe verwenden und neue Erzählungen schaffen.

Klassenscham überwinden durch Biografiearbeit

Wie lebt es sich mit dem Spagat »zwischen den Klassen«? Daniela Dröscher setzt sich in *Zeige deine Klasse* mit sozialer bzw. Klassenscham auseinander. Sie ist selbst »Aufsteigerin zweiter Generation« und beschreibt in ihrem Buch die Scham über ihr nichtakademisches und dörfliches Umfeld beim Ankommen im Literaturbetrieb. Ein Anliegen von ihr war es, eine Sprache zu finden für die soziale Scham, aber auch für ihre eigene Position, die sie wie gesagt als »klassenquer« bezeichnet. In dem Heft *Check your Habitus*, das sie zusammen mit Paula Fürstenberg herausgegeben hat, setzen sich 18 Autor*innen, die ihrerseits Klassenübergänger*innen sind, in kurzen literarischen Texten mit ihren Erfahrungen auseinander, mit verinnerlichten elterlichen Glaubenssätzen, Versuchen des Mithaltens und ihren Gefühlen von Trauer, Verrat, Scham und Hochstapelei (Dröscher/Fürstenberg 2021). Damit sind neben der Scham auch einige weitere häufige Gefühle benannt, die oft prägend sind für die Erfahrungen von Klassenübergänger*innen. Das Hochstapelei-Gefühl beschreibt das Erleben, Räume zu betreten oder gesellschaftliche Positionen einzunehmen, die einem eigentlich »nicht zustehen«. Diese Erfahrung, die viele Klassenübergänger*innen teilen, sich fehl am Platz zu fühlen oder Angst zu haben, entlarvt zu werden in Räumen einer »höheren Klasse«, wird auch Impostor-Syndrom genannt.

In dem Artikel *Siegelring, Gewerkschaftsausweis, Kuh oder Klavier? Klassismusreflexive Biografiearbeit in der Sozialen Arbeit* stelle ich eine konkrete Methode vor, mit der sich Menschen mit ihrer Klassenherkunft, aber auch mit ihrer aktuellen Klassenposition auseinandersetzen können (Seeck 2023). Genutzt habe ich die Methode in der Hochschullehre, in Fortbildungen, aber auch in der Praxisgruppe für Klassenübergänger*innen. Hierbei bearbeiten die Teilnehmenden in Kleingruppen die folgenden Fragen: *Was ist ein Symbol, Gegenstand oder Bild für meine Klassenherkunft? Was ist ein Symbol, Gegenstand oder Bild für meine aktuelle Klassenposition?* Als Beispiele zeigte ich eine Kuh und ein Klavier. Eine Teilnehmerin beschrieb sich als Kuh auf einem Klavier, eine andere als Klavier spielende Kuh. Aber auch Symbole wie ein Siegelring oder ein Gewerkschaftsausweis tauchten auf. Diese biografische Auseinandersetzung kann ein wichtiger Schritt sein, um sich mit der eigenen Klassenherkunft und -position, auch mir dem eigenen (verinnerlichten) Klassismus auseinanderzusetzen. Zum einen kann verinnerlichter Klassismus erkannt werden, also die Abwertung der eigenen Person durch Stereotype und Vorurteile, die ins eigene Selbstbild aufgenommen wurden. Zum anderen können klassistische Stereotype gegenüber anderen, zum Beispiel armutsbetroffenen Menschen und Arbeiter*innen, reflektiert werden.

Distanz zur Herkunftsklasse und Vereinzelung überwinden

In der vorliegenden Literatur zum sogenannten sozialen Aufstieg werden oft die Distanz und der Verlust von Zugehörigkeit betont, die Klassenübergänger*innen empfinden. Der Austausch in der Praxisgruppe, viele weitere Gespräche mit Klassenübergänger*innen und auch meine eigene Erfahrung zeigen mir aber auch: Es ist durchaus möglich, diese Distanz zu überwinden sowie neue Formen der Zugehörigkeit zu bilden.

Die halbjährige Praxisgruppe, in der auch schambehaftete Fragen offen diskutiert werden konnten, war ein wichtiger Ort, an dem neue Netzwerke entstanden sind. Durch solche Begegnungen kann der gefühlten Vereinzelung begegnet werden. Tanja Abou betont die Wichtigkeit solcher Gruppen für Selbstermächtigung und Empowerment:

> »Meine andere Strategie sind Empowerment-Gruppen, also selbstermächtigende Gruppen aus Menschen, die aus der Arbeiter*innen- oder Armutsklasse kommen. Das würde ich allen empfehlen. Wenn ihr zusammensitzt, kommen die Themen! [...] Organisiert euch, empowert euch!« (Abou/Theißl/Witte 2020: 44)

Doch wie kann die Distanz überwunden oder wie kann mit ihr umgegangen werden? Dies beschäftigte viele der Klassenübergänger*innen, die ich im Rahmen der Praxisgruppe oder bei Veranstaltungen zu dem Thema kennenlernen durfte. Zu Beginn der Praxisgruppe sprachen wir über unsere Ziele für das nächste halbe Jahr, bezogen auf die Auseinandersetzung mit der eigenen Klassenherkunft. Eine Teilnehmerin äußerte den Wunsch: »zwischen den Klassen ein Zuhause finden«. Auch andere wünschten sich Antworten auf die Frage, wie sich mit dem Dazwischen leben lässt und wie man darin Selbstermächtigung finden kann. Ein Teilnehmer wünschte sich, unterschiedliche Klassenidentitäten in sich vereinen zu können: Unterschiede zu spüren und trotzdem verbunden zu bleiben. Auch wurde der Wunsch geäußert, sprechfähig zu werden, um Klassismus aktiv entgegentreten zu können, und einige Teilnehmer*innen wollten die Strukturen, in denen sie sich heute bewegen, klassismuskritisch verändern, zum Beispiel die Hochschule.

Klassenübergänger*innen, die sich sehr stark der neuen Klasse anpassen, in der sie sich bewegen, laufen Gefahr, den Klassismus gegenüber ihre Herkunftsklasse selbst nicht mehr kritisch zu hinterfragen oder ihn gar zu reproduzieren. Ein anderer Weg kann stattdessen sein, *zwischen* den Klassen ein Zuhause zu finden. Aus klassismuskritischer Perspektive und für eine klassismuskritische Organisierung kann das Dazwischen ein wichtiger Standpunkt sein: Klassenübergänger*innen können die Rolle der Brückenbauer*innen oder Vermittler*innen zwischen den sozialen Klassen einnehmen. Das wird mittlerweile auch im Organizing erkannt, ich selbst war einst in dieser Funktion, als sogenannte*r Brückenbauer*in, eingestellt. Die US-amerikanische Gruppe *Class Matters* hat sich dem Thema Cross-Class-Alliance-Building verschrieben, also dem Bilden von Allianzen zwischen den unterschiedlichen sozialen Klassen (Leondar-Wright 2004).

In Kontakt bleiben, solidarisch handeln

Wie kann der Kontakt zur Herkunftsklasse aufrechterhalten werden? Diese Frage stellen sich viele Klassenübergänger*innen, und auch in der Praxisgruppe war sie ein zentrales Thema. Bell hooks, eine Professorin und Autorin aus der Schwarzen US-amerikanischen ländlichen Arbeiter*innenklasse, beschäftigt sich in vielen ihrer Texte mit dieser Frage. Sie beschreibt darin Gefühle des Verlustes von Zugehörigkeit, aber auch viele Praktiken, mit denen sie den Kontakt zu ihrer Herkunftsklasse aufrechterhält. In einigen Büchern verarbeitet sie ihren »sozialen Aufstieg« und schreibt über ihre Kindheit und Jugend – immer mit einer großen Solidarität und Verbundenheit und aus einer klassismus- und rassismuskritischen Perspektive. Sie beschreibt an vielen Stellen, wie sie wichtige Werte, die ihr in ihrer Herkunftsklasse vermittelt wurden – zum Beispiel Ehrlichkeit oder einfach zu leben –, auch später gelebt hat (hooks 2022: 53). Ihr »Ankunftsmilieu«, in dem sie sich nie ganz verortete – beispielsweise ihr akademisches Umfeld an der privaten Elite-Universität, an der sie arbeitete –, beschreibt sie oft kritisch; sie beobachtet beispielsweise einen Opportunismus in vielen akademischen klassenprivilegierten Kreisen.

Aus ihrem Standpunkt als Intellektuelle aus der Arbeiter*innenklasse leitet hooks eine bestimmte Aufgabe, eine »Bestimmung« ab:

> »Meine Bestimmung, mein Schicksal ist es, sich an sie zu erinnern, eine der Stimmen zu sein, die ihre Geschichte erzählen. Wir haben die Schwarzen Farmer*innen vergessen, sowohl die aus der Vergangenheit als auch jene letzten unsichtbar verbliebenen, die immer noch das Land beackern. Ihre Geschichte zu verschweigen und auszulöschen, war im Interesse des imperia-

> listischen kapitalistischen Patriarchats weißer Vorherrschaft.« (hooks 2022: 47)

In ihren Texten bleibt hooks solidarisch mit ihrer Herkunftsklasse, sie zeigt Klassismus, Rassismus und Sexismus auf und nutzt ihre neue Klassenposition, um für mehr Gerechtigkeit zu sorgen. Dies ist laut bell hooks umso wichtiger, als armutsbetroffene Menschen und Arbeiter*innen in den Medien oft klassistisch dargestellt werden. hooks schreibt dazu:

> »Die Darstellung armer Menschen in den Massenmedien vermittelt den Eindruck, dass sie lediglich aufgrund eigener falscher Entscheidungen in eine missliche Lage geraten sind. Es werden Bilder verbreitet, die suggerieren, dass die häufige Abhängigkeit von Zucker, Alkohol oder Drogen auf angeborene Charakterschwächen zurückzuführen ist.« (hooks 2022: 36)

Bell hooks fordert uns Klassenübergänger*innen also dazu auf, unsere neuen Privilegien zu nutzen, indem wir uns auf eine solidarische Art äußern und stereotypen Vorstellungen entgegenwirken. Beispiele aus dem Bereich Hochschule liefert das Buch *Vom Arbeiterkind zur Professur. Sozialer Aufstieg in der Wissenschaft* (Reuter/Gamper/Möller/Blome 2020). Darin schreiben Professor*innen aus der Arbeiter*innenklasse über ihren »Klassenübergang« und die Hürden, die sie dabei überwinden mussten (in Deutschland stammt nur eine Minderheit der Professor*innen aus der Arbeiter*innen- und Armutsklasse). Viele der Autor*innen zeigen auf, wie sie versuchen, die universitären Strukturen zu verändern, durchlässiger und offener zu gestalten.

Der Schlüssel zum »sozialen Aufstieg« im Diskurs sei, so kritisiert Olja Avir, letztlich die Veränderung des Selbst und die Distanz zur Herkunftsklasse:

> »Den Arbeiter*innenkindern wird geraten, anders zu werden, jemand anders zu werden. Sie sollen ihre Herkunftsorte, Stadtteile, Wurzeln, ihre Communitys und Familien räumlich und mental zurücklassen. Zur Lösung eines strukturellen, gesellschaftlichen Problems wird also vorgeschlagen, persönlich auf Distanz zu gehen und die eigene Performance zu verändern.« (Avir 2020: 26)

Aus klassismuskritischer Perspektive schlägt Avir im Gegensatz zur Anpassung vor, »die Sprossenwand« niederzureißen. Sie schreibt:

> »Wir sollten nicht mehr fragen, warum es der eine geschafft hat und die andere nicht. Die ›Millionenfrage‹ lautet vielmehr: Wie sichern wir Zugang zu Bildung, Institutionen und Entfaltungsmöglichkeiten, eine spitzenmäßige Gesundheitsversorgung und ein selbstbestimmtes, würdevolles Leben für alle Mitglieder der Gesellschaft – unabhängig von ihrem Körper und ihrer Performance? Das geht langfristig nur mit einem klassenbewussten Gerechtigkeitsdenken und Strategien der Umverteilung von Macht. Ich weiß jetzt auch, was die Sprossenwand-Übung uns damals lehren sollte: Dass, wenn jemand hinaufwill, immer gleichzeitig jemand hinabsteigen muss. Doch auch eine Sprossenwand ist nur eine Wand. Nieder mit ihr.« (Avir 2020: 28)

Olja Avir betont, dass es langfristig nicht darum gehe, einigen den Aufstieg zu ermöglichen, sondern ein gutes Leben für alle zu erkämpfen und Macht grundsätzlich anders zu verteilen. Sie macht darauf aufmerksam, dass wir den Fokus auf eine sozial gerechte Gesellschaft zu verlieren drohen, wenn wir uns darauf konzentrieren, »sozialen Aufstieg« zu ermöglichen. Auch hier können Klassenübergänger*innen klassismuskritisch handeln: indem sie den Blick weg von ihren individuellen Erfolgsgeschichten lenken und hin zu

Fragen einer sozial gerechten Gesellschaft. Noch immer bin ich jener Person aus dem Publikum dankbar, die bei einer Lesung irgendwann in den Saal rief: »Aber wir interessieren uns doch nicht nur für die Lebensgeschichte von Francis Seeck. Wir wollten über politische Veränderungen sprechen!« Die Moderatorin war, wie es so oft passiert, sehr fasziniert von meiner Biografie und meinem Weg zur Professur, da es ungewöhnlich ist, mit 35 einen Ruf auf eine Professur zu erhalten, insbesondere wenn man aus einer armutsbetroffenen Familie kommt. So drehen sich die Fragen häufig um meine Biografie, und die großen gesellschaftlichen Fragen und die Perspektiven derer, die nicht »aufgestiegen« sind, geraten in den Hintergrund. Um dies zu verändern, können wir die Debatte selbst in eine andere Richtung lenken: Sollen wir also keine Aufstiegsgeschichten mehr erzählen? Zumindest sollten wir sie nicht ins Zentrum der Klassismusdebatte stellen.

Auf Klassismus aufmerksam und sich verständlich machen

Im Sommer 2023 nahm ich an einer Konferenz teil. Auf dem Podium sollte es darum gehen, wie sich unterschiedliche, aber sich teils überkreuzende Kämpfe – gegen Klassismus, Adultismus, Sexismus, Rassismus und Kapitalismus – verbinden lassen. Beim Vorgespräch tauschten wir uns auf Augenhöhe aus. Bis ein Referent dazukam, der sich als Gesellschaftstheoretiker bezeichnete und im Kontext marxistischer und kritischer Theorie an Hochschulen lehrt: Schnell nahm er sich den Raum, er unterbrach und dominierte das Gespräch. Auf dem Podium wurde er ausführlich vorgestellt, mit akademischen Titeln und Positionen, während diese bei den anderen, vor allem bei den nichtmännlichen Podiumsgästen, nicht erwähnt wurden. Während wir anderen mittels Ich-Botschaften und über unsere konkreten Perspektiven sprachen, stellte er sich ganz oben auf die Sprossenwand und ordnete die Debatte »von oben« und scheinbar neutral auf eine machtvolle Art ein. Er nahm sich sehr viel Redezeit, verwendete viele Fachbegriffe, obwohl wir darum gebeten worden waren, eine zugängliche Sprache zu verwenden, und zitierte ausschließlich männliche und akademische Theoretiker. Als ich wieder an der Reihe war, wies ich auf den Klassismus bei dieser und vergleichbaren Veranstaltungen hin. Ich merkte an, dass es nicht angemessen ist, dass auf dem Podium sechs Menschen, die allesamt akademische Abschlüsse haben, über solidarische Bündnisse diskutieren. Er widersprach: Er, selbst Klassenübergänger, kämpfe dafür, dass soziale Aufsteiger auf solchen Podien sitzen – und nicht dafür, dass wir uns wieder abschaffen.

Das sehe ich anders. Ich bin gerne bereit, meinen Platz auf dem Podium abzugeben. Und ich bin der Meinung, dass auch wir Klassenübergänger*innen reflektieren müssen, wie wir die Privilegien und Ressourcen, die wir erhalten haben, umverteilen und abgeben. Solche Erfahrungen wie an diesem Abend mache ich leider sehr oft. Auch Intellektuelle, die Klassentheorien produzieren, übersetzen diese selten in ihr konkretes Handeln. Oft üben sie sehr viel Macht aus: durch die Art, wie sie sich Raum nehmen, welche Sprache sie verwenden und wem sie zuhören oder auch nicht.

Bell hooks kritisiert als Professorin aus der Arbeiter*innenklasse an vielen Stellen elitäre Strukturen, die sie in akademischen Kontexten beobachtet. Sie betont, dass es für sie nicht einfach ist, ihrer Arbeit nachzugehen und sich in der akademischen Welt aufzuhalten (hooks 1994: 56). In ihrem Buch *Die Welt verändern lernen. Bildung als Praxis* *der Freiheit* kritisiert sie die intellektuelle Klassenhierarchie, die produziert wird, indem unterteilt wird in Theoriewissen und in Wissen, das eben nicht theoretisch genug sei (hooks 2023). Das Ideal der Theoriearbeit sei sehr abstrakt, gespickt mit Fachbegriffen und unzugänglichen Verweisen und schwierig zu verstehen (ebd.). hooks grenzt sich als Wissenschaftlerin bewusst von dieser Norm ab und betont, dass Theorie an das Konkrete gebunden sein sollte. Mit ihrer Art zu schreiben, folgt sie dem Ziel, Theorie zu produzieren, die ein möglichst breites Publikum erreicht. Sie beschreibt es als Ehre, dass ihre Arbeit außerhalb der Wissenschaft gelesen wird, und berichtet von Briefen, die ihr Inhaftierte zu ihren Büchern geschrieben haben (ebd.).

Bevor Sie in die weiteren Kapitel eintauchen, möchte ich ein paar Worte zum Stil dieses Buches sagen. Ich bin davon überzeugt, dass wir uns im Schreiben nicht hinter komplizierter Sprache verstecken sollten. In meiner Herkunftsklasse ist Sprache dafür da, zu kommunizieren – und nicht, um den Kreis derer zu beschränken, die verstehen, was gesagt wird. Eine Professorin, die ein Kapitel meiner Doktorarbeit gelesen hatte, schrieb mir derweil einst: »Du hast eine einfache Sprache. Man könnte vermuten, da stecken auch einfache Gedanken dahinter.« Sie empfahl mir, komplizierte Fachbegriffe einzufügen, um diesem Eindruck entgegenzuwirken. Ich passte mich eine Zeit lang an, auch weil es nicht das einzige Mal bleiben sollte, dass meine Sprache abgewertet wurde. (Ein Freund von mir, Arbeiterkind, legte sich im Laufe des Studiums gar eine Liste an mit Fachbegriffen, die er in eigentlich fertige Texte einfügte: »ambivalent«, »hybrid«, »kontingent«.)

Meine Strategie änderte sich, nachdem ich den Begriff Klassismus kennengelernt hatte. Auch Sprache ist in vielerlei Hinsicht von Klassismus geprägt. So erinnert der Ausdruck

»einfache Sprache«, den meine Professorin verwendet hat, nicht zufällig an den Ausdruck »einfache Leute« – beide sind abwertend. Der Zugang zu Universitäten, wo eine »gehobene« oder Fachsprache vermittelt wird, wird Schüler*innen aus der Armuts- und Arbeiter*innenklasse systematisch verwehrt (Möller 2015, Schmitt 2010). Nun betrachte ich die Sprache meiner Herkunftsklasse – meine Eltern und Onkels arbeiten als Maurer, Lastwagenfahrer, Erntehelfer, Friedhofsgräber*innen, meine Mutter zeitweise als Pförtnerin an einer Universität – neu. Meine Texte schreibe ich heute bewusst zugänglich. Das ist sogar oft schwieriger, als kompliziert zu schreiben. In diesem Buch verzichte ich nach Möglichkeit auf Fachbegriffe. Ich nutze sie nur, wenn sie einen tatsächlichen Mehrwert haben: wenn sie etwas ausdrücken, wofür es keinen anderen, breiter bekannten Begriff gibt.

Der Sammelband *Klassismus und Wissenschaft* von Riccardo Altieri und Bernd Hüttner diskutiert, wie sich Klassenherkunft an Universitäten und Hochschulen für angewandte Wissenschaft auswirkt (Hüttner/Altieri 2020). Die beiden Herausgeber finden für die Erfahrung studierender Arbeiter*innenkinder folgendes Motto: »Zwischen Herkunft und Akademie, zwischen Dialekt und Wissenschaftssprache?«. Die Autor*innen des Bandes beschreiben Herkunftsscham, das Gefühl der Unzulänglichkeit und jenem, fehl am Platz zu sein. Klasse, so betont bell hooks, prägt unsere Perspektive auf die Welt (hooks 2023). Trotzdem kann man eine in der Klassenhierarchie hohe soziale Stellung einnehmen – in bell hooks' Fall: als Professorin –, ohne den Kontakt und die eigenen Wurzeln in der Herkunftsklasse zu verlieren. Das hat viele positive Effekte, es wird zum Beispiel Wissen produziert, dass auch für ein breites Publikum verständlich und zugänglich ist. Zudem werden klassistische Barrieren abgebaut, indem bell hooks in der Hochschullehre eine antidiskriminierende Haltung einnimmt. Sie betont zum Beispiel, dass Bildung die soziale Realität von Studierenden einbeziehen und reflektieren muss (ebd.).

In den Wochen, bevor ich meine Professur antrat, las ich intensiv die Bücher von bell hooks zum Thema Bildung und Demokratisierung, in denen sie sich viel mit ihrer Rolle als Hochschullehrerin und Pädagogin aus der Arbeiter*innenklasse auseinandersetzt (hooks 2010, 2023, im Erscheinen). Für mich als Klassenübergänger*in sind hooks' Schriften selbstermächtigend, da sie Strategien teilt, die oft unsichtbar bleiben. Gleichzeitig laden sie zur Selbstkritik ein, ohne dass man in der Folge in eine ohnmächtige Starre zu verfallen drohte. Armutsbetroffenen Menschen, die über Klassismus schreiben und sprechen, wird von klassenprivilegierten Menschen oft vorgeworfen, sie würden nur jammern. Wenn man als Klassenübergänger*in über Klassismus spricht und schreibt, ist man mit dem Vorwurf konfrontiert, man hätte es doch geschafft und solle sich nicht beschweren. Daher besteht die Gefahr, nach dem Klassenübergang lieber zu dem Thema zu schweigen. Ich folgere aus der hooks-Lektüre, dass man auch als Klassenübergänger*in oder gerade deswegen an vielen Stellen Klassismus überwinden und klassismuskritische Wege gehen kann.

Anders als Didier Eribon oder Édouard Louis, die den Kontakt zu ihrer Herkunftsklasse als abgebrochen beschreiben und die sich sehr stark an den akademischen Kontext angepasst haben, finden sich bei hooks eine Integrität und ein Bezug zu ihren Wurzeln, die sie beibehalten hat. Sie schreibt bewusst für ein breites, auch nichtakademisches Publikum. Zudem thematisiert sie in ihren Büchern vielfältige Praktiken der Umverteilung, die sie praktiziert, sowohl von materiellen Ressourcen als auch von Raum. Ein weiteres Thema, dem sie nachgeht, sind Klassenunterschiede in Freund*innenschaften und wie sie damit umgeht. Sie kultiviert eine klassismuskritische Reflexion gesellschaftlicher Hierarchien, eine radikale Pädagogik, die nicht theoretisch bleibt, sondern die sie im Rahmen ihres eigenen Lebens und ihrer eigenen beruflichen Tätigkeit umzusetzen versucht. So erklärt sie, dass sie von Studierenden nicht erwartet, im Seminarraum Risiken einzugehen, die sie selbst nicht bereit ist einzugehen. Daher teilt sie eigene biografische Geschichten aus ihrem Leben, wenn sie dasselbe, in einer selbstreflexiven Seminarstunde, von ihren Studierenden erwartet. Sie übt in ihrer Lehrtätigkeit, Verletzlichkeit zu zeigen und wirklich präsent und offen für die einzelnen Menschen zu sein (hooks 2023).

Anti-Knigge-Expert*in oder Fuck the Parkett

Klassenübergänger*innen erleben oft das zuvor schon erwähnte Impostor-Syndrom, übersetzt: Hochstapler*innensyndrom. Das war in den Praxisgruppen häufig Thema. Der Begriff beschreibt das Gefühl, eigentlich nicht gut genug zu sein, und die Angst, deshalb entlarvt zu werden. Dieses Gefühl deutet auf verinnerlichten Klassismus hin: dass klassistische Normen von außen in das eigene Selbstbild übertragen wurden, mit der Folge, dass sich Klassenübergänger*innen selbst abwerten, zum Beispiel die eigene Sprache, das eigene Wissen und das eigene Auftreten.

Vor einigen Monaten wurde ich für ein Interview angefragt zum Thema Knigge. Die Anfragenden waren besorgt wegen des gesellschaftlichen Bedeutungsverlusts von Knigge, wollten sich aber auch kritisch mit den darin transportierten Normen auseinandersetzen. Ich wurde als »Anti-Knigge

Expert*in« angefragt. Ich muss zugeben, diese Bezeichnung gefällt mir gut. Tatsächlich habe ich nie einen Kniggekurs besucht und beherrsche die meisten Umgangsregeln, die in klassenprivilegierten Kreisen die Norm sind, wahrscheinlich nicht. Daniela Dröscher und Paula Fürstenberg sprechen eine ähnliche Richtung der Verweigerung gegenüber klassistischen Normen an: »aus der Parkettunsicherheit wird ›fuck the Parkett‹« (Dröscher/Fürstenberg 2021). So kann auch eine Verweigerungshaltung eine klassismuskritische Perspektive sein: nicht zu versuchen, sich selbst zu optimieren und herrschenden Vorstellungen anzupassen, sondern sich seinem eigenen Herkunftshabitus auch ein Stück weit treu zu bleiben. Ich werde auf jeden Fall versuchen, weiterhin meiner Expertise als »Anti-Knigge-Expert*in« treu zu bleiben.

Doch auch ich bin bei dem Thema in Widersprüche verstrickt. So gab es eine Zeit, in der ich an dem einen Tag meinen Dr.-Titel von meiner Homepage löschte, um ihn am nächsten Tag wieder draufzustellen. Nie war ich mir einig, was das stimmigste Vorgehen sei. Den Titel zu nutzen, ermöglicht mir, dem Thema Klassismus eine größere Anerkennung zu verleihen, gerade auch von Menschen in klassenprivilegierten Kreisen, die sich dringend mit ihrem klassistischen Handeln auseinandersetzen sollten. Ich nutze teilweise mein kulturelles und symbolisches Kapital, um das Thema Klassismus in Kreisen zu verbreiten, die ihm nicht zugewandt sind. Mehrfach wollten mich Stifter*innen oder Entscheidungsträger*innen bei Veranstaltungen wieder ausladen, aber durch meinen Dr.-Titel konnte dies verhindert werden. Zudem hatte ich die Erfahrung gemacht, dass ich vor allem bei Veranstaltungen mit Menschen aus bürgerlichen Kreisen ohne den Titel weniger ernst genommen werde. Eine andere Stimme in mir forderte mich hingegen auf, »nicht so einen Wind um mich zu machen«, mich nicht mit dem Dr.-Titel über andere zu erheben. In meiner Herkunftsfamilie und Herkunftsklasse ist der Wert der Bescheidenheit wichtig, sich also nicht als »etwas Besseres« zu verstehen. Den Dr.-Titel zu nutzen, birgt immer die Gefahr, dass meine Stimme eher gehört wird als die von Menschen ohne dieses kulturelle/symbolische Kapital. Zudem kann ein Doktor*innen- oder Professor*innen-Titel Distanz schaffen und Verbindungen über Klassen hinweg verhindern.

Als Klassenübergänger*in ist es nicht einfach, auszuloten, was klassismuskritisches Handeln konkret bedeutet. Ist es besser, das neu erworbene kulturelle und symbolische, soziale und ökonomische Kapital zu nutzen, um das Thema Klassismus bekannter zu machen und mehr Menschen dafür zu sensibilisieren? (Das Thema »Kapital« wird in Kapitel 4 ausführlicher behandelt.) Oder ist es sinnvoller, dieses Kapital grundsätzlich infrage zu stellen und *nicht* zu nutzen, also zum Beispiel akademische Titel nicht anzugeben oder sich Netzwerkveranstaltungen zu verweigern, zu denen man ausschließlich aufgrund des Titels Zugang hat. Ich denke, es kommt auf den Kontext an, und ich persönlich bin am Ausprobieren.

Klassenübergänger*innen als Verbündete für soziale Gerechtigkeit

Am Ende müssen wir Klassenübergänger*innen jedenfalls, so ist meine Perspektive, aufpassen, dass wir uns nicht nur mit unserem Klassenübergang beschäftigen – und wertvolle Zeit verlieren, die wir nutzen könnten, um Projekte für eine sozial gerechtere Welt zu schaffen. Unsere Kraft für eine gerechtere Welt einzusetzen, verhindert auch, dass wir in eine ewige Spirale der Selbstoptimierung geraten.

Inspirieren lassen können wir uns zum Beispiel von Aktivist*innen, die sich in den 80er-, 90er-Jahren zu Prolo-Lesbengruppen zusammenschlossen (Knupp-Rabe 1999). Diese wurden von Lesben gegründet, die in der Armuts- oder Arbeiter*innenklasse, auf Bäuer*innenhöfen, als Töchter von Fabrikarbeiter*innen, Handwerker*innen oder in Heimen aufgewachsen waren (Roßhart/Witte 2019). Sie organisierten sich in Kleingruppen und tauschten sich dort biografisch aus und schufen Formen der Selbstermächtigung (ebd.). Zudem intervenierten sie auf verschiedene Weisen in die damalige Frauen- und Lesbenbewegung der BRD (ebd., Roßhart 2016). Martina Witte, die in einer solchen Gruppe aktiv war, erinnert sich daran, wie sie zunächst begann, anders über Klasse nachzudenken:

> »Das war während eines Streikseminars an der Universität, in dem Arbeiter*innentöchter von ihren Erfahrungen berichtet haben. Erfahrungswissen war an der Uni – bei mir ist das schon lange her – oft nicht anerkannt. Das ist glaube ich heute nicht anders. Deswegen war das ein guter Einstieg, um eine andere Perspektive zu bekommen: was das überhaupt heißt, mit einer Arbeiter*innenherkunft an der Uni zu sein. Ich hatte immer das Gefühl, irgendwie anders zu sein, und ich war irritiert darüber, wie an der Uni teilweise über die ›dumme Masse‹, über ›die Prolls‹, über die ›blöde Verkäuferin‹, ›doofe Handwerker‹ gesprochen wurde. Meine Mutter ist Verkäuferin und mein Vater Handwerker. Dieses ständige Gefühl, bei vielem nicht richtig mitmachen zu können oder mich nicht auszukennen damit, wie Uni funktioniert, wie akademisches Wissen funktioniert – das wurde mir bei dieser Veranstaltung das erste Mal klar. Ich hatte wirklich einen Kloß im Hals. Im Grunde war es wie ein Coming-out, ich war völlig irritiert davon, dass das vorher so nie Thema war.« (Witte/Abou/Theißl 2020: 35–36)

Nach ihrer persönlichen Auseinandersetzung mit dem Thema Klassenherkunft fing Witte an, sich politisch zu dem Thema zu engagieren: Sie wurde Teil einer lesbischen Politgruppe. Über die Motivation dazu berichtet sie rückblickend Folgendes:

> »Wir waren gemeinsam in lesbischen Politgruppen aktiv und kamen aus ganz unterschiedlichen autonomen Zusammenhängen. Wir haben über unsere biografischen Hintergründe gesprochen, und es stellte sich heraus: Es gab wenige, die nicht an der Uni waren, einige kamen aus reichen Haushalten und mussten fürs Reisen nicht arbeiten gehen; andere mussten für die Miete arbeiten gehen und hatten Nebenjobs und konnten deshalb nicht zu Treffen kommen, wenn die vormittags stattfanden. Über all das wurde einfach nicht gesprochen. Die, die nicht hingehen konnten, haben die Klappe gehalten, weil es eben angesagt war, zu studieren und bestimmte Diskurse zu kennen. Als uns dann die vielen Unterschiede bewusst waren, wurde klar, dass wir uns organisieren wollen – also wir mit Arbeiter*innenhintergrund, in einer eigenen Politgruppe. Das war eine Offenbarung, weil es ans Eingemachte ging und wir über diskriminierende Erfahrungen gesprochen haben. Es ist doch so, dass das dein ganzes Leben bestimmt – oder eben dein Leben verhauen kann, wenn du bestimmte Möglichkeiten nicht hast. Als Kind wurde mir gesagt: ›höchstens Realschule‹. Dass ich aufs Gymnasium konnte, habe ich meinen Geschwistern zu verdanken. Alle meine Freund*innen sind aber nicht aufs Gymnasium gegangen. – Damit saß ich zwischen den Stühlen. In der autonomen Lesbenszene gab es tausend Regeln: Es wurde sich lustig gemacht über Leute, die nicht die coolsten Klamotten hatten oder nicht den Ausdruck benutzt haben, der gerade angesagt war. Also habe ich mich gefragt: Warum sitze ich in einer Politgruppe, wenn mir das, wogegen ich

> kämpfe, in meinen eigenen Zusammenhängen passiert?« (Abou/Theißl/Witte 2020: 37–38)

Also gründeten sie sogenannte Prolo-Lesbengruppen: Darin tauschten sich die Beteiligten über Klassenerfahrungen und über Klassismus aus und stärkten sich gegenseitig. Die Gruppe stieß außerdem ganz konkrete Praktiken der Umverteilung an, indem sie ein Umverteilungskonto gründete. Martina Witte erzählt:

> »Oft ist es hilfreich, in politischen Zusammenhängen konkret zu werden und die Dinge auf den Punkt zu bringen. Wenn Privilegien geteilt werden sollen, dann wird es immer schwierig. Deshalb sind wir mit den Prololesben in die Offensive gegangen: Wir haben ein Umverteilungskonto eingerichtet, und alle, die mehr Geld hatten, haben darauf eingezahlt. Wer Probleme hatte, konnte Geld abheben, für die Zahnreparatur, die Miete – was dir eben passiert, wenn du nicht zu Hause unterstützt wirst. Das ging über zwei Jahre gut. Ich hatte noch nie so viel Spaß in einer Politgruppe wie in dieser. Es war toll, darüber zu reden, wie es uns wirklich geht und was wir wollen politisch – und dass wir nicht mehr wollen, dass Flugblätter geschrieben werden, für die man ein Lexikon braucht, um sie zu verstehen. Wenn ich meinen Eltern gerne erzählen will, was ich politisch mache, und ihnen etwas zu lesen geben will, dann sind das sonst Texte, die sie nicht erreichen – und zwar nicht, weil sie dumm wären, sondern weil das in ihrer Welt nicht vorkommt. Das sind kluge Menschen, die sich nicht in diesen Diskursen bewegen, aber bei vielen politischen Sachen dabei wären, wenn sie nicht so brutal ausgegrenzt würden.« (Abou/Theißl/Witte 2020: 38–39)

Klassenübergänger*innen wie Martina Witte bleiben also nicht dabei stehen, sich mit ihrer eigenen Klassenherkunft und den eigenen Erfahrungen mit klassistischer Diskriminierung auseinanderzusetzen: Sie stoßen auch neue politische Praktiken, zum Beispiel die Umverteilung von Geld, an (Kaiser 2023). Oder sie verändern die oft ausschließende Sprache in sozialen Bewegungen und schreiben Texte bewusst so, dass mehr Menschen diese verstehen können. Diesen transformativen Schritt von der persönlichen Beschäftigung mit Klassismus zum antiklassistischen Handeln beschreibt auch Tanja Abou, die mit ihrer langjährigen Bildungsarbeit klassistische Strukturen verändert:

> »Ich habe dann in einem Seminar zu Social Justice von Leah Czollek, bei meinem zweiten Studienversuch Anfang dreißig, den Begriff Klassismus kennengelernt. Auch bei mir war es so, dass es den ganzen Wust an Gefühlen auf einen Begriff gebracht hat. Ich hatte das Gefühl, ich kann es zum ersten Mal benennen, ich habe ein Wort dafür gefunden, was mich von meinen bürgerlichen Genoss*innen unterscheidet. Ich muss sagen, wenn es um Klassismus geht, bin ich immer mit viel Aufregung dabei und mit Herzblut. Ich habe Rotz und Wasser geheult, als ich gemerkt habe, wie tief Klassismus verankert ist bei Leuten, die ich gerne mag, die ich bewundre, mit denen ich gerne in Austausch bin, in Beziehungen, in Politgruppen. Das hat eine Trennung aufgemacht. Dann habe ich angefangen, das in Workshops umzusetzen. Das hilft.« (Abou/Theißl/Witte 2020: 36)

Klassenübergänger*innen können wichtige Vorreiter*innen sein auf dem Weg in eine sozial gerechtere Gesellschaft: Sie können auf Klassismus in verschiedenen Strukturen – zum Beispiel in sozialen Bewegungen, im Bildungsbereich, in der Kunst, in Parteien – aufmerksam machen, dortige Veränderungen anstoßen und andere für nicht klassenprivilegierte Lebensrealitäten sensibilisieren. Zudem können sie als Übersetzer*innen zwischen unterschiedlichen sozialen Klassen fungieren. Sie können zum Beispiel benennen, wenn die Lebensperspektiven von Menschen aus der Arbeiter*innen-

und Armutsklasse nicht mitgedacht werden, die verwendete Sprache akademisch ist oder die Eintrittspreise Menschen ausschließen. In der Streitschrift *Zugang verwehrt* schrieb ich:

> »Es ist höchste Zeit für Power-Sharing, das Abgeben von Macht und Privilegien. Glücklicherweise ist es nicht mehr üblich, ein Podium zu einem feministischen Thema vor allem oder ausschließlich mit Männern zu besetzen. Wenn aber fünf Professor*innen aus der Mittel- und Oberklasse über die Klassengesellschaft diskutieren, stört sich fast niemand daran. Klassismuskritisch zu handeln bedeutet unter Umständen auch: Macht und Mikro abgeben.« (Seeck 2022: 101)

4 Den Kuchen teilen: Eigene Klassenprivilegien erkennen und Ressourcen abgeben

In diesem Kapitel geht es um Klassenprivilegien. In Deutschland wurde im Sommer 2023 wieder einmal sehr deutlich, wie sie wirken. Der Vorschlag der Familienministerin Lisa Paus (Die Grünen), das Elterngeld für *sehr* gut verdienende Menschen – mit einem zu versteuernden Jahreseinkommen ab 150.000 Euro, womit die zugehörigen Familien zu den oberen 0,7 Prozent gehören – abzuschaffen, erzeugte einen großen Aufschrei. Eine Kampagne gegen die Maßnahme erreichte innerhalb von kurzer Zeit über 600.000 Unterschriften, und viele Medienberichte kritisierten den Vorschlag (Pausder 2023). Deutlich weniger Unterstützung gab es für die Forderung von sozialpolitischen Verbänden nach einer angemessenen Kindergrundsicherung, die 2,9 Millionen armutsgefährdete Kinder betrifft. Eine Petition des Vereins *Sanktionsfrei,* die sich für eine ausreichend finanzierte Kindergrundsicherung einsetzt, verzeichnete nur 58.000 Unterschriften (Sanktionsfrei e.V 2023). Klassenprivilegierte Menschen erhalten mehr Aufmerksamkeit für ihre Anliegen, und oft wird ihnen mehr Sympathie, Empathie und Vertrauen entgegengebracht.

In den letzten Jahren sprachen mich nach Lesungen und Vorträgen zum Thema Klassismuskritik regelmäßig Personen an, die aus reichen Familien kommen: »Was würdest du Personen empfehlen, die reich aufgewachsen sind?« Für Menschen mit Klassenprivilegien schreibe ich dieses Kapitel; es kann aber natürlich auch für andere Menschen spannend sein. Es wird um die Frage gehen, was klassenprivilegierte Menschen tun können, um Klassismus abzubauen und zu einer sozial gerechteren Welt beizutragen: Wie kann ich verantwortungsvoll mit Klassenprivilegien, Reichtum und Macht umgehen, wie kann ich sie abbauen helfen?

Sich organisieren und Ressourcen umverteilen

Während meines Freiwilligendienstes mit *Aktion Sühnezeichen* in den USA kam ich das erste Mal mit reichen Aktivist*innen in Kontakt, die sich für soziale Gerechtigkeit einsetzten. Eine Freundin von mir, die wusste, dass sie mehrere Millionen Dollar erben wird, war bei der Gruppe *Resource Generation* (RG) aktiv. RG ist eine NGO, in der junge Menschen zwischen 18 und 35 Jahren aktiv sind, die über Vermögen und Klassenprivilegien verfügen und sich für eine gerechtere Verteilung von Geld, Macht und Eigentum einsetzen. Sie richten sich explizit an Menschen, die Teil der oberen zehn Prozent der Gesellschaft sind. In »RG's Redistribution Guidelines« (Umverteilungsrichtlinien) fordern die Aktivist*innen die klassenprivilegierten Besucher*innen der Homepage dazu auf, mindestens sieben Prozent ihres Vermögens und Einkommens umzuverteilen. In Großbritannien werden junge vermögende Menschen in Sachen Umverteilung im Rahmen der Organisation *Resource Justice* aktiv, und in Kanada gibt es die *Resource Movement.* All diese Organisationen haben gemein, dass Sie versuchen, das (unverdiente) Geld, wie ein Erbe, so umzuverteilen, dass die Gesamtgesellschaft davon profitiert und sich die Kluft zwischen Arm und Reich wieder schließt.

Auch im deutschsprachigen Raum machen sich klassenprivilegierte Aktivist*innen auf den Weg für eine sozial gerechte Gesellschaft. 2020 gründete sich die in Kapitel 3 erwähnte Gruppe *Resource Transformation – rückverteilen bewegt* (rtrb), die sich für eine Rückverteilung von Landbesitz, Macht und Vermögen einsetzt. Die Gruppe organisiert (ähnlich wie *Resource Generation* in den USA) junge Menschen, die hinsichtlich der Vermögensverteilung zu den reichsten zehn Prozent gehören: In Praxisgruppen setzen sich die Aktivist*innen mit Klassenprivilegien auseinander und entwickeln Strategien der Rückverteilung. Außerdem macht die Gruppe in ihrer Öffentlichkeitsarbeit auf Ursachen von Vermögensungleichheit aufmerksam.

In Deutschland besitzen die reichsten zehn Prozent der Bevölkerung in der Vermögensverteilung 62,1 Prozent aller Vermögen, während die ärmeren 50 Prozent zusammen nur 3,4 Prozent aller Vermögen besitzen (DIW 2020a, DIW 2020b). In Österreich gehören einem Prozent der Bevölkerung 40 Prozent des Vermögens – das ist mehr als 90 Prozent der Bevölkerung zusammen besitzen (nämlich 34,4 Prozent). Ab einem Nettovermögen von etwa 500.000 Euro gehört man in der DACH-Region (Deutschland, Österreich, Schweiz) zu den reichsten zehn Prozent (Resource Transformation o. A.). Die Autor*innen vom WSI-Verteilungsbericht schreiben:

> »Am oberen Ende der gesellschaftlichen Hierarchie ist es wichtig, die Reichen und Superreichen über Steuern wieder mehr an der Finanzierung des Gemeinwohls zu beteiligen. Seit Mitte der 1990er-Jahre wurden die Reichen systematisch steuerlich entlastet. Zuletzt war es die Reform der Erbschaftssteuer im Jahr 2016, die es zahlreichen Superreichen ermöglicht, erhebliche Betriebsvermögen zu vererben, ohne dass darauf nennenswert Steuern entfallen. Die Lasten, die sich aus den aktuellen Krisen ergeben, müssen aber auch von den ›starken Schultern‹ mitgetragen werden, und das insbesondere über eine deutlich stärkere steuerliche Beteiligung.« (Brülle/Spannagel 2023: 18)

Resource Transformation schreibt:

> »Wenn wir uns das als einen Kuchen vorstellen, der unter 10 Menschen aufgeteilt werden soll, dann bedeutet das, dass eine Person sechs Stück Kuchen (oder mehr) bekommt, während fünf Personen sich die Krümel von einem Drittel eines Stücks teilen müssen – eine Größenordnung, die sowohl für Österreich als auch für Deutschland gilt.« (Resource Transformation o. A.)

Global gesehen ist die Ungleichheit noch extremer, die reichsten 26 Menschen besitzen so viel wie die ärmeren 50 Prozent der Weltbevölkerung (Oxfam 2017). *Resource Transformation* betont:

> »Wir haben ein strukturelles Verteilungsproblem. Wenige Menschen halten einen Großteil der materiellen Ressourcen, während andere nicht genug zum Leben haben. Dieser Umstand ist das Resultat eines kapitalistischen Wirtschaftssystems und einer Politik, die kontinuierlich die Interessen von Menschen mit Kapital/Vermögen bevorzugt. Das führt zu einem strukturellen Vorteil für einige Menschen.« (Resource Transformation o. A.)

Es gründen sich aktuell weitere Vereine Vermögender, die sich für eine sozial gerechte Welt einsetzen. *Taxmenow* (auf Deutsch: Besteuer mich jetzt) ist eine solche Initiative, sie setzt sich für Steuergerechtigkeit und soziale Gerechtigkeit ein. *Taxmenow* ist im deutschsprachigen Raum aktiv und hat sich 2021 aus der *Bewegungsstiftung* heraus gegründet. Zur Situation in Deutschland schreibt die Initiative Folgendes:

> »In Deutschland besitzen die reichsten 10 % in der Vermögensverteilung 67,3 % aller Vermögen, das reichste Prozent besitzt 35 %, während die ärmsten 50 % insgesamt nur 1,2 % aller Vermögen besitzen. [...] Diese extreme Ungleichheit ist auch Folge einer Steuerpolitik, die systematisch Vermögende privilegiert und die Besteuerung insbesondere von Vermögen

und Erbschaften kontinuierlich verringert hat. Das Ergebnis ist eine demokratiegefährdende Machtkonzentration in Form von Kapital und Einfluss in den Händen von Wenigen, die der wachsenden materiellen Unsicherheit von Vielen gegenübersteht.« (taxmenow o. A.)

Die Aktivist*innen von *taxmenow* setzen sich für eine Veränderung des Steuersystems ein, für den Abbau sozialer Ungleichheit und die Stärkung der Demokratie. Auf ihrer Website rufen sie andere Vermögende dazu auf, sich ebenfalls für eine steuerbasierte Umverteilung einzusetzen:

> »Wir wollen Wohlstand, Teilhabe und soziale Sicherheit für alle. Die Voraussetzung dafür ist ein starkes und gerechtes Steuersystem, das auf demokratische und transparente Weise für Umverteilung sorgt und durch die Finanzierung öffentlicher Güter und Dienstleistungen das Gemeinwohl stärkt. Wir organisieren uns, damit wir weitere vermögende Menschen dazu bewegen, sich aktiv für Steuergerechtigkeit einzusetzen und Stellung gegen die eigenen Steuerprivilegien und die daraus wachsenden Ungerechtigkeit zu beziehen.« (Resource Transformation o. A.)

Aus einer klassenprivilegierten Position heraus beziehen die Beteiligten in öffentlichen Kampagnen und mit Pressearbeit Stellung, problematisieren die eigene steuerliche und gesellschaftliche Bevorteilung und Machtposition und zeigen insbesondere auf, wie wenig sie besteuert werden (ebd., Engelhorn 2022).

Während die einen klassistische Diskriminierung erleben, erfahren andere aufgrund von Klassenprivilegien gesellschaftliche Vorteile. Klassenprivilegien zu thematisieren, gehört zur Auseinandersetzung um Klassismus dazu. Martina Witte, Klassenübergängerin, die in der Arbeiter*innenklasse aufgewachsen ist und bei den Prololesben (siehe Kapitel 3) aktiv war, betont:

> »Wichtig finde ich auch, diese Privilegien, die andere haben, und die, die wir teilweise nun auch haben, zu reflektieren und sich nicht mit Schuldgefühlen rumzudrücken, sondern zu fragen: Was können Strategien sein, andere zu unterstützen und Privilegien zu teilen? Zu sagen: ›Dann kauf ich dir die Fahrkarte, wenn du nicht auf den Kongress fahren kannst‹, wenn die Person damit einverstanden ist. Wie kann ich meine Mitstreiter*innen unterstützen? Wir sind auf Bündnisse aktuell extrem angewiesen.« (Abou/Theißl/Witte 2020: 42)

Auch Tanja Abou, die seit vielen Jahren als Bildnerin zu Klassismus arbeitet und ebenso Klassenübergängerin ist, fordert einen offenen Umgang mit Klassenprivilegien:

> »Redet über eure Klassenhintergründe in euren politischen Gruppen! Redet darüber, woher ihr Kohle bekommt! Wenn euch jemand drauf hinweist, dass ihr etwas Diskriminierendes gesagt habt, behandelt es, als hätte die Person gesagt: ›Ey, du hast einen Popel in der Nase.‹ Putzt euch die Nase und macht weiter. Dieses Sich-Aufhalten mit ›Ich bin jetzt ein schlechter Mensch‹ bringt uns als Feminist*innen nicht weiter.« (Abou/Theißl/Witte 2020: 44)

Ein Schritt zurück: die eigenen Klassenprivilegien erkennen

Der Begriff Klassenprivilegien beschreibt Vorteile, die Menschen aufgrund ihrer sozialen Herkunft oder ihres sozialen Status haben. Klassenprivilegien, die Menschen durch ihre soziale Herkunft erhalten, sind zum Beispiel: Erbschaften; Unterstützung im Studium durch Eltern; keine Zukunftssorgen haben zu müssen, weil es im Hintergrund eine finanzielle Absicherung gibt. Als Klassenübergänger*in habe ich keine Klassenprivilegien durch meine soziale Herkunft, aber sehr wohl aufgrund meines sozialen Status. Zum Beispiel habe ich als Professor*in heute das große Privileg, fürs Lehren, Schreiben und Nachdenken bezahlt zu werden. Kulturelles Kapital in Form von Bildungsabschlüssen und erworbenen Titeln, aber auch selbst erworbene soziale Netzwerke (»Vitamin B«) oder ein gutes Einkommen sind Klassenprivilegien aufgrund des sozialen Status. Klassenprivilegien zeigen sich in allen gesellschaftlichen Bereichen: im Bildungssystem, im Gesundheitssystem, auf dem Arbeitsmarkt, beim Wohnen, bei gesellschaftlicher Anerkennung und Macht.

Der Verein *Resource Transformation* hat auf seiner Homepage ein Klassenprivilegien-Quiz für Menschen, die unsicher sind, wie es um ihre Klassenprivilegien steht. Auf der Seite ist auch ein Bild zu finden. Auf dessen linker Seite sieht man einen jungen Menschen und positive Beschreibungen über ihn; auf der rechten Seite sieht man dessen Röntgenbild und Hinweise, die diese Eigenschaften durch Klassenprivilegien erklären. »Höflich« wird dann zum Beispiel erklärt durch »wurde vornehm erzogen«. Das tolle Lächeln ist verbunden mit privaten Krankenzusatzversicherungen. Das große Selbstbewusstsein wurde dadurch geprägt, dass der Person immer gesagt wurde, »du kannst alles schaffen«. Der beeindruckende Lebenslauf ist auch durch familiäre Kontakte und die finanzielle Möglichkeit, unbezahlte Praktika zu machen, entstanden. Der Abschluss an einer »guten Uni« hat 10.000 Euro Jahresgebühr gekostet, die von den Eltern bezahlt wurde. Dass der Person »Eloquenz« zugeschrieben wird, hängt damit zusammen, dass ihr früh beigebracht wurde, »sich gewählt auszudrücken« (Resource Transformation o. A.).

Der letzte Punkt ist mir in den letzten Jahren deutlich aufgefallen, wenn ich auf Podien eingeladen war. Ab und an sitze ich dort mit Aktivist*innen aus reichen Familien, dabei fällt auf, wie viel Sympathie ihnen entgegengebracht wird, das Publikum ist überaus begeistert. Regelmäßig loben Menschen aus dem Publikum ihre Art zu sprechen, während sie zu mir sagen: »Es können ja nicht alle so eloquent sprechen.« Sogar in Zeitungsartikeln, die über diese Veranstaltungen berichten, wird die Art der Aktivist*innen mit vermögendem Hintergrund, sich auszudrücken, positiv hervorgehoben. Ich persönlich mag eine direkte und wenig ausschweifende Sprechweise, ich mag es, wenn Dinge klar auf den Punkt gebracht werden, und ich schätze die Redeweisen in der Arbeiter*innenklasse oder von Klassenübergänger*innen, die sich nicht komplett angepasst haben. Gesellschaftlich aber wird die Art zu sprechen, wie sie in der Oberklasse geprägt wird – ausschweifender und gespickt mit möglichst vielen unterschiedlichen Begriffen (»wortgewandt«) – wertgeschätzt. Nach solchen Erfahrungen las ich erneut die Arbeiten von Pierre Bourdieu zu Sprache und Klassengesellschaft. Er betont, dass eine in klassenprivilegierten Kreisen kultivierte Art zu sprechen auch immer mit Abgrenzung zu tun hat: Es gehe darum, sich nach unten abzugrenzen. Sprache ist oft eine Torwächterin, zum Beispiel durch die Voraussetzung, schwierige grammatikalische Regeln zu beherrschen, durch die Abwertung von Dialekten oder den Anspruch, viele Fachbegriffe zu nutzen.

Doch wie lassen sich Klassenprivilegien beschreiben, was umfassen sie eigentlich alles? Das werde ich häufig bei Veranstaltungen und Fortbildungen gefragt. Das Konzept Klassenprivilegien lässt sich gut zusammenbringen mit den (in der Einleitung eingeführten) Theorien von Pierre Bourdieu zu Kapital. Er unterscheidet zwischen ökonomischem, kulturellem, sozialem und symbolischem Kapital. Die Fragen aus dem Klassenprivilegien-Quiz von *Resource Transformation* berühren all diese Sorten von Kapital. Für Menschen, die sie besitzen, sind sie oft unsichtbar oder erscheinen ihnen als normal. Mit den Aussagen im Quiz, bei denen man angibt, ob sie auf einen zutreffen oder nicht, werden sie deutlich. *Resource Transformation* richtet sich vor allem an junge Menschen, die Teil der oberen zehn Prozent sind. Der Fokus des Vereins liegt folgerichtig auf dem, was Bourdieu als ökonomisches Kapitel bezeichnet: auf dem Zugang zu Geld, Vermögen und Immobilien. Hier sind einige Beispielfragen aus dem Quiz, die das ökonomische Kapital betreffen (Resource Generation o. A. b):

- »Die Wohnung, in der du aufgewachsen bist, wurde von Menschen geputzt, die von deiner Familie dafür bezahlt wurden.«
- »Du heizt, bis dir warm genug ist, und machst dir keine Sorgen über Heizkosten.«
- »Du oder deine Familie besitzt mehr als ein Haus oder eine Wohnung.«
- »Du hältst Aktien und/oder Unternehmensanteile oder einen Treuhandfonds.«
- »Du wohnst nicht zur Miete.«
- »Du oder eins deiner Elternteile hat ein Vermögen von mehr als 500.000 Euro.«
- »Du hast Geld von einem Familienmitglied geerbt/geschenkt bekommen. Es ist eine mindestens sechsstellige Summe.«
- »Du weißt, dass ein Liquiditätsevent keine WG-Feier ist.«

- »Deine Eltern haben dich bei einer großen Investition wie etwa einem Hauskauf unterstützt oder könnten/werden das tun.«
- »Du weißt nicht aus dem Kopf, was Grundnahrungsmittel kosten, da du beim Einkaufen nicht auf den Preis schauen musst.«

Einige der in den Fragen genannten Begriffen musste ich erst mal recherchieren, so war mir nicht bekannt, was ein Liquiditätsevent ist (es geht um die Übertragung von einem Vermögenswert). Ökonomische Klassenprivilegien können aber auch schon früher beginnen: etwa wenn man, wie die Fragen andeuten, sich über Geld keine Gedanken machen und bei Restaurantbesuchen, Einkäufen oder Heizkosten nicht auf den Preis achten muss. Dies kann mit der Klassenherkunft zu tun haben oder auch auf ein eigenes hohes Einkommen zurückzuführen sein, ohne dass Vermögen aus der Herkunftsfamilie vorhanden wäre. Deutlich wird in den Quizfragen, dass Klassenprivilegien auch etwas mit der freien Verfügbarkeit über die eigene Zeit zu tun haben und damit, ob Arbeit outgesourct wird, etwa an Reinigungspersonal.

Andere Fragen aus dem Klassenprivilegien-Quiz betreffen das kulturelle Kapital, zum Beispiel:

- »Du träumst davon, zur Selbstfindung eine Weltreise zu machen oder hast sie schon hinter dir.«
- »Du kannst skifahren, weil deine Familie jeden Winter mindestens eine Woche in den Alpen verbringt.«
- »Du hattest die Möglichkeit, während deiner Schul- oder Studienzeit Auslandsaufenthalte zu machen.«

- »Deine Eltern, Großeltern oder andere Verwandte haben für deine (Aus-)Bildung gezahlt oder du konntest sie von deinem geerbten Geld finanzieren.«
- »Deine Eltern haben einen oder mehrere akademische Titel.«
- »Du bist auf eine Privatschule oder -uni gegangen oder hattest die Möglichkeit dazu.«
- »Du musstest dich nie mit einem Antrag auf staatliche Unterstützung fürs Studium/die Ausbildung oder mit einem Studienkredit herumschlagen.«
- »Du hast einen oder mehrere höhere akademische Titel (oder bist auf dem Weg dahin).«
- »Du ernährst dich hauptsächlich von Bio-Lebensmitteln.«
- »Du hast als Teenie einen Standard-Tanzkurs und/oder einen Knigge-Kurs besucht.«

Pierre Bourdieu unterscheidet kulturelles Kapital in drei Formen. Demnach kann man es erstens in Objektform besitzen, zum Beispiel in Form von Musikinstrumenten, Kunstwerken oder auch in Form von Kleidungsstücken bestimmter Marken. Zweitens kann kulturelles Kapital über Institutionen erworben werden, in Form von Studienabschlüssen und Titeln, und auch das Betreiben von elitären Hobbys und das Sprechen von Fremdsprachen gehören dazu. Diese zweite Form spielt auch in den genannten Quizfragen eine große Rolle, zum Beispiel, wenn es um den Besuch privater Schulen und Universitäten geht. Drittens gibt es die Ebene des verkörperten kulturellen Kapitals, das betrifft etwa die Frage, wie man spricht, wie man auftritt, welches Selbstbewusstsein man hat. Hierfür gibt es auch den durch Bourdieu geprägten Fachbegriff Habitus. Von den Quizfragen fokussieren wenige den Habitus, die verkörperte Klasse. Nur die Aussage zum

Knigge-Kurs zielt auf diese Ebene ab. Zum Habitus könnten also weitere Punkte ergänzt werden, zum Beispiel: Deine Sprache wird als »eloquent« oder »wortgewandt«, nicht als »einfach« bezeichnet; du musstest nie eine Fremdwörterliste erstellen, um als gebildet wahrgenommen zu werden. Wahrscheinlich ist dieser Punkt für klassenprivilegierte Personen noch schwerer zu erkennen und zu benennen als die anderen, da man über ein großes Maß an Habitusreflexion verfügen muss. Was die Quizfragen gut zeigen, ist, wie eng ökonomisches und kulturelles Kapital miteinander verbunden sind, zum Beispiel bei der Finanzierung von Ausbildungen, Studienabschlüssen sowie Auslandsaufenthalten. Gefragt wird auch nach dem Besitz von Kleidung einer bestimmten Outdoormarke, die mir gar nicht bekannt war. Nicht nur, ob man solche Kleidungsstücke besitzt, sondern auch, ob man die Marke überhaupt kennt, ist verbunden mit der Herkunftsklasse.

Die Aktivist*innen von *Resource Transformation* fragen in ihrem Quiz auch Klassenprivilegien auf der Ebene des sozialen Kapitals ab. Darum drehen sich etwa folgende Fragen:

- »Du bist oder deine Familie ist Teil von exklusiven Clubs, zum Beispiel einem Tennis-, Golf- oder Segelclub.«
- »Du hast ein Praktikum durch Vitamin B(eziehung) bekommen, d. h. du konntest ein Praktikum bei einem Unternehmen machen, weil ein*e Freund*in der Familie/eine verwandte Person in einer führenden Position ist.«
- »Deine privaten Verträge prüft der Familienanwalt für dich, natürlich ist das ein Freundschaftsdienst.«

Hier geht es um den Zugang zu exklusiven Clubs oder sonstigen Netzwerken, der von der Klassenherkunft, aber auch vom ökonomischen Kapital abhängen kann. Die genannten und andere exklusive Clubs sind häufig kostspielig:

Wegen Teilnahmegebühren oder weil teure Gegenstände angeschafft werden müssen, können sich nur ökonomisch privilegierte Menschen beteiligen. Durch diese mangelnde Zugänglichkeit werden dort exklusive Netzwerke zwischen klassenprivilegierten Menschen geschaffen und gestärkt. Keinen Anwalt bezahlen zu müssen und durch »Vitamin B« an Stellen zu kommen, gibt Sicherheit, erspart Personen finanziellen und ökonomischen Aufwand und macht vieles überhaupt erst möglich.

Auch die letzte Kapitalform, das symbolische Kapital, kommt im Klassenprivilegien-Quiz vor:

- »Deine Familie hat ein Wappen, Siegelringe oder Monogramme auf einigen ihrer Gegenstände.«
- »Deine Familie hat ein Family Office und es ist nicht euer Co-working Space.«
- »Du oder Menschen in deinem (familiären) Umfeld bekleiden Positionen mit viel strukturellem Einfluss (Politiker*innen, CEOs, Aufsichtsratsposten).«

Um diese Fragen zu verstehen, musste ich erst mal nachschauen, was Siegelringe und Familienmonogramme sind. Bis ich Aktivist*innen von *Resource Transformation* traf, war mir dieses Thema völlig unbekannt. Siegelringe sind besonders im sogenannten Adel verbreitet, um die Zugehörigkeit zu einer einflussreichen Familie zu signalisieren. Symbolisches Kapital kann auch mit dem Nachnamen verbunden sein. So stellte ich bei einer Podiumsdiskussion mit einer vermögenden Person fest, dass viele aus dem Publikum deshalb gekommen waren, weil sie die Familie meines Gegenübers aus dem Stadtbild und in ihrer Bedeutung kannten: In der Stadt, in der die Diskussion stattfand, gibt es mehrere Unternehmen der Familie. Auch die Wohnadresse oder die Institution, in der jemand arbeitet, kann eine Form von symbolischem Kapital sein. Ein Family Office – auch das war mir neu – ist ein Büro, das für alle Angelegenheiten einer vermögenden Familie zuständig ist, bis hin zu den Einladungen für Familienfeiern.

Um eine sozial gerechte Gesellschaft zu schaffen, ist der erste Schritt in diese Richtung für klassenprivilegierte Menschen, ein Bewusstsein über die eigenen Klassenprivilegien zu entwickeln: Über welche Klassenprivilegien verfüge ich aufgrund meiner Klassenherkunft? Über welche Klassenprivilegien verfüge ich aufgrund meiner aktuellen Klassenposition? Hier sind zwei Fragen aus dem Klassenprivilegien-Quiz besonders interessant: »Du wusstest lange nicht, dass du einer Klasse angehörst; ›Klasse‹ – das sind doch die Arbeiter*innen, oder?« Und: »Seit du weißt, aus welcher Klasse du kommst, ist es dir unangenehm/willst du es verheimlichen.« Es geht also zuerst einmal darum, sich überhaupt offen mit dem Thema zu beschäftigen; dann kann man sich mit anderen Menschen vernetzen, um sich als verbündete Person solidarisch für eine sozial gerechte Gesellschaft einzusetzen. Die eigenen Klassenprivilegien zu verstecken, hilft leider niemandem.

Mein Ergebnis bei dem Klassenprivilegien-Quiz war übrigens:

> »Du scheinst nicht stark von Klassenprivilegien betroffen zu sein. Wir freuen uns trotzdem, dass du auf unserer Seite gelandet bist. Rückverteilung kann nur gelingen, wenn sie in klassenübergreifendem Austausch passiert. Falls du Interesse an einer Verbündeten-Mitgliedschaft hast, freuen wir uns sehr von dir zu hören!«

Ich war verwundert. Als Person aus der Armutsklasse, die mit 36 Jahren eine Hochschulprofessur antrat, sind mir meine Klassenprivilegien tagtäglich bewusst. So habe ich einen sehr viel einfacheren Zugang zur Gesundheitsversorgung und zum Wohnungsmarkt als andere, mir wird mehr zugehört und ich muss mir beim Einkaufen oder auch bei den Strom- und Gaskosten keine Sorgen machen. Auch durch meine Titel werden mir viele Klassenprivilegien zuteil. Für mich fangen Klassenprivilegien also »früher« an. Das hängt wohl damit zusammen, dass der Verein *Resource Transformation* vor allem auf Menschen abzielt, die zu den oberen zehn Prozent gehören, und da ist die Klassenherkunft in vielen Punkten ausschlaggebend. Klassenübergänger*innen wie ich (siehe dazu Kapitel 3) befinden sich in vielen Kontexten zwischen den Stühlen. Als ich mit anderen Klassenübergänger*innen über das Klassenprivilegien-Quiz sprach, führte es zu Erheiterung, aber auch zu vielen Fragezeichen. Denn viele der genannten Begriffe waren uns unbekannt oder weit weg von unseren Lebensrealitäten (viele solcher Fragen aus dem Quiz habe ich hier weggelassen, etwa zum Besitz einer Yacht oder von Pferden). Dies verdeutlicht, wie unbekannt die Lebenswelt der oberen zehn Prozent allen anderen ist.

5 Klimagerechtigkeit klassismuskritisch

In Deutschland rückt der Erdüberlastungstag immer weiter nach vorne, im Jahre 2023 war er schon am 4. Mai. Der globale Erdüberlastungstag benennt den Tag, an dem die nachhaltig nutzbaren Ressourcen eines Jahres verbraucht sind. Er wird vom *Global Footprint Network* errechnet und verdeutlicht die ökologischen Grenzen des Planeten. Der deutsche Erdüberlastungstag bezieht sich auf die Ressourcen, die Deutschland anteilig an den globalen Ressourcen verbraucht hat (Germanwatch 2023). Dies macht deutlich, dass der Lebensstil in Deutschland *im Schnitt* nicht nachhaltig ist.

Die Ökologiekrise umfasst verschiedene Krisen: die Artenkrise, die Klimakrise und die Ressourcenkrise. All diese Krisen sind eng mit der sozialen Frage verbunden, da sie Armutsbetroffene stärker treffen als reiche Menschen. Zudem werden sie zu einem stärkeren Kampf um Ressourcen führen. Die Klimakrise betrifft alle Menschen, aber nicht alle sitzen im selben Boot. Ansteigende Meeresspiegel, Dürren, Stürme und Waldbrände bedrohen bereits jetzt das Leben von vielen Menschen im Globalen Süden, und auch hierzulande nehmen die Risiken zu. 2022 sind weltweit viele Menschen an Folgen extremer Hitze gestorben. In Europa waren es alleine 60.000 Menschen (Germanwatch 2023).

Ökologische Krisen wie der Klimawandel und dessen Folgen werden die »unteren« Klassen und die Bevölkerung ärmerer Weltregionen zuerst und stärker belasten (Dörre 2022: 92). So schreibt Klaus Dörre: »Steigen die Preise für Heizung, Strom, Mobilität, Mieten und Nahrungsmittel

– eine Entwicklung, die infolge der Durchsetzung ökologischer Nachhaltigkeitsziele unausweichlich ist –, wird der frei verfügbare Einkommensanteil in den unteren Klassen immer geringer« (Dörre 2022: 95). Die Wissenschaftlerin Karen Bell beschreibt in dem Buch *Working Class Environmentalism* (2021), dass materiell arme Menschen in Großbritannien stärker unter Flutkatastrophen, Dürren, extremen Wetterereignissen und Luftverschmutzung leiden, da ihre Lebensgrundlagen durch diese Ereignisse häufiger zerstört würden und ihre Gesundheit stärker Schaden nehme. Zudem hätten materiell arme Menschen oft weniger Möglichkeiten, sich vor Umweltzerstörung zu schützen. Materiell arme Menschen im Globalen Süden sind von Hitze mehr betroffen, aber auch in Europa leiden arme Menschen stärker unter den Folgen der Klimakatastrophe als materiell reiche Menschen. Der sozioökonomische Status einer Person hat Einfluss auf das Sterberisiko durch Hitze (Kovats/Kristie 2006). Besonders gefährdet sind Arbeiter*innen, d. h. körperlich arbeitende Menschen. Dies hängt sicherlich mit den Arbeitsbedingungen zusammen: Die Hitzebelastung auf dem Bau, im Straßenbau und Gartenbau – und ebenso in der Landwirtschaft – ist natürlich eine andere als im (Home-)Office. Kaum zu glauben, aber in Texas wurden kürzlich Trinkpausen für Bauarbeiter*innen gerichtlich verboten (Boudreau 2023). Auch wohnungslose Menschen können sich weniger vor Hitze schützen.

Die Klimakrise trifft also am stärksten armutsbetroffene Menschen – und damit diejenigen, die am wenigsten dazu beitragen, da sie einen viel geringeren ökologischen Fußabdruck als wohlhabende und privilegierte Menschen haben (ich werde darauf zurückkommen). Der Kampf gegen die Klimakatastrophe und gegen Klassismus gehören also zusammen. Deshalb werden klimapolitische Forderungen, die

die soziale Dimension nicht mitdenken, rasch an ihre Grenzen stoßen, die ökologische und die soziale Frage müssen zusammengedacht werden. Leider spielt Klassismus nicht nur in der Klimakrise eine große Rolle, sondern er prägt auch die Klimabewegung. In diesem Kapitel wird es daher um die Frage gehen, wie sich Klassismus in der deutschen Klimabewegung zeigt und abbauen lässt. Wie kann Klimaaktivismus sozial diverser werden? Denn wenn die Klimabewegung in Deutschland erfolgreich sein möchte, muss sie Klassismus in ihren Strukturen abbauen.

»Und was studierst du?« – Klassismus in der Klimabewegung

2019 titelt die taz »Zu jung, zu weiß, zu akademisch«, um die Klimabewegung in Deutschland zu beschreiben. In einer Studie zu *Fridays for Futures* (FFF) stellten Wissenschaftler*innen 2020 fest:

> »Mehr als die Hälfte der Befragten wollten das Abitur oder die Fachhochschulreife machen, 30 Prozent hatten einen Uni-Abschluss oder studierten noch, nur knapp 5 Prozent der Aktivisten gaben einen Mittleren Schulabschluss an. 43 Prozent der Befragten fühlten sich der oberen Mittelschicht zugehörig, ein knappes Drittel der unteren, lediglich 4,5 Prozent zählten sich selbst zur Arbeiterschicht.« (Langrock-Kögel 2020)

Die *Fridays-for-Future*-Bewegung setzt sich in Deutschland also mehrheitlich aus klassenprivilegierten Personen zusammen. Was sind Gründe dafür, dass Kinder und Jugendliche aus einkommensarmen Familien und aus der Arbeiter*innenklasse seltener an Klimaprotesten teilnehmen als Kinder und Jugendliche aus der Mittel- und Oberklasse? Klimaaktivistin Kim Winter schreibt hierzu:

»Außerdem setzt die klimasensible Bubble nicht selten einen bestimmten Lebensstil und Habitus voraus – wer Fleisch oder tierische Produkte isst, ein Flugzeug besteigt oder der akademischen Sprache mit all ihren Fachbegriffen nicht folgen kann, braucht gar nicht erst versuchen, Teil der Gruppe zu werden. So ist zumindest eine weit verbreitete Vorstellung von der Klima-Bubble, die auch Vorurteilen und falscher Repräsentation geschuldet ist, die ich in Teilen aber auch bestätigen kann. Hier greifen auch intersektionale Diskriminierungen: Beispielsweise machen nicht alle Personen, die ein Flugzeug besteigen, einen All-Inclusive-Urlaub auf Bali, sondern viele Menschen möchten ihre Familie in anderen Ländern und auf anderen Kontinenten sehen. Doch das wird in der Debatte oft außer Acht gelassen.« (Winter 2023)

Kim Winter spricht hier Vorurteile gegenüber der Klimabewegung an, aber auch, dass es eben tatsächlich Ausschlüsse gibt, die mit Klassismus und Rassismus zu tun haben. Das BuWa-Kollektiv (*Bildung für utopischen Wandel)* schreibt hierzu:

»Manchmal gibt es ganz klare klassistische Diskriminierung in der Klimabewegung. Während es sicher auch viel Solidarität mit Arbeiter*innen gibt, haben wir auch das Gegenteil beobachtet – und wenig Reflektion darüber. Klassistische Witze, Beleidigungen und Kommentare wie ›Er hat nicht mal die Realschule abgeschlossen‹, Annahmen, dass alle Menschen im Raum Universitätsabschlüsse haben oder auch das Ausblenden oder Geringschätzen der Bedürfnisse von Arbeiter*innen haben wir in der Klimabewegung beobachtet.« (Bildung für utopischen Wandel e.V. 2022: 7).

Klassismus wiederum ist keine Besonderheit der Klimabewegung. Viele soziale Bewegungen, darunter queere und feministische Bewegungen, sind nicht klassismuskritisch organisiert. Dabei spielen Klassenunterschiede im aktivistischen Alltag sozialer Bewegungen eine erhebliche Rolle. Jutta Werth, die seit den 1970er-Jahren in wohnungs- und sozialpolitischen Bewegungen politisch aktiv ist und heute Altersrente bezieht, schreibt über die Klassenunterschiede in politischen Bewegungen:

> »Sie zeigen sich in der Herkunft, beim finanziellen Background, beim Bildungshintergrund; daran, ob in Urlaub gefahren werden kann oder nicht; daran, ob Leute in einer Partnerschaft, Wohngemeinschaft oder allein wohnen; auch in der Sprache, wie etwas ausgedrückt wird. Wie soll es auch anders sein in unserem Klassensystem!« (Werth 2020: 33)

Die Zusammensetzung von Initiativen und Bewegungen prägt die Sprache, die verwendet wird, die Themensetzungen und die Formate. Und all das wiederum wirkt sich darauf aus, wer sich angesprochen, vertreten und willkommen fühlt – und wer nicht.

Seit einigen Jahren berate ich regelmäßig Umweltverbände, Ökologiebewegungen und klimapolitische Gruppen zu folgenden Fragen: Wie können Ökologie- und Klimabewegungen bezogen auf die Klassenherkunft und -position ihrer Mitglieder diverser werden? Wie kann Klimagerechtigkeit mit der sozialen Frage zusammengedacht werden? Was können konkrete Schritte sein, um die politische Arbeit sozial gerechter zu gestalten? Denn: Nur wenn die Klimabewegung sozial inklusiver wird, kann sie zu einer Massenbewegung werden und nachhaltige Veränderung in Richtung einer sozial-ökologischen Transformation erreichen. Vor einigen Monaten führte ich also mal wieder einen Workshop zu Klassismus für die Jugendorganisation eines Umweltverbandes durch. Die Gruppe machte als Problem aus, dass sich Nichtstudierende selten oder kaum beteiligen. Gespräche vor oder nach den Treffen drehten sich oft um das Studium. »Und was studierst du?« sei eine typische Frage an Neue. Auszubildende kämen jeweils – wenn überhaupt – nur ein Mal zu den Treffen, dann nie wieder.

Dieses Beteiligungsproblem, das auch schon in Zusammenhang mit *Fridays for Future* zur Sprache kam, hat sicherlich viel damit zu tun, wie ökologische und klimapolitische Anliegen wahrgenommen und dargestellt werden. Von außen, vor allem von rechter und (rechts-)konservativer Seite werden sie als elitär inszeniert. Dabei geht die Klimakrise uns alle an, sie betrifft arme Menschen früher und heftiger, und viele klimapolitische Forderungen bedeuten ein Mehr an sozialer Gerechtigkeit – etwa die nach einem Klimageld, nach kostenlosem oder günstigem Nahverkehr oder einer Umverteilung des Straßenraumes zugunsten derer, die kein Auto haben. Trotzdem verfängt das besagte Narrativ. Dadurch wird Gewalt gegenüber Klimaaktivist*innen gefördert, und Menschen, die noch keinen aktiven Bezug zum Thema haben, werden daran gehindert, sich an der Bewegung zu beteiligen.

Gleichzeitig können aber auch klassistische Ausschlüsse in klimapolitischen Gruppen und (Teil-)Bewegungen der Klimabewegung dazu führen, dass sich nicht alle angesprochen und eingeladen fühlen, sich einzubringen. Hier muss aktiv gegengewirkt und betont werden, dass ökologische Themen und die Klimakatastrophe alle angehen. Mit dem besagten Beteiligungsproblem kämpfen viele ökologische Verbände und klimapolitische Gruppen, die ich regelmäßig berate. Überdurchschnittlich viele ihrer Aktiven sind Studierende und Akademiker*innen und Menschen mit größeren ökonomischen Ressourcen. Auszubildende, Arbeiter*innen, erwerbslose und wohnungslose Menschen, arme Menschen sind unterrepräsentiert; sie werden – bewusst oder unbewusst – ausgeschlossen. Das kann zum Beispiel dadurch geschehen, dass sie in der direkten Ansprache ausgelassen werden, etwa wenn bei Treffen, Gruppen und Protesten junger Menschen nur Schüler*innen und Studierende, nicht aber Auszubildende angesprochen werden; oder wenn ihre Lebenswelten nicht vorkommen; oder durch eine akademische Sprache in Flyern oder bei Treffen. Auch die Uhrzeiten, zu denen Treffen und Veranstaltungen stattfinden, können eine Rolle spielen und natürlich mögliche Kosten, die damit verbunden sind. Durch Freizeitaktivitäten, die Geld kosten – gemeinsam etwas trinken gehen bei oder nach einem Arbeitstreffen –, werden arme Menschen ausgeschlossen.

Dass Soziales und Klima zusammengedacht werden müssen, dem dürften die allermeisten Klimaaktiven sofort zustimmen. Es gibt auch ganz konkrete Bemühungen, dem gerecht zu werden, darauf komme ich weiter unten zu sprechen. Klar ist aber auch, dass Klassismus dem im Weg stehen kann. Maurice Conrad, geboren 2000, ist *Fridays-for-Future*-Aktivist. In seinem Buch *Wir streiken, bis ihr handelt! Wie Fridays for Future der Politik Beine macht* reflektiert er in dem Kapitel *Klima muss ich mir leisten können*, das nur vier Seiten lang ist, wie sich die soziale Frage und Klimapolitik zusammendenken lassen. Er schreibt:

> »Dass politischer Protest ganz allgemein ein Luxus ist, den sich akademisch geprägte Milieus eher leisten können als nichtakademische, ist keine Neuigkeit und wurde von mir bereits an anderer Stelle thematisiert. Dass ein derart reflektierter Prozess wie das Hinterfragen der eigenen Lebensführung von der sozialen Sicherheit abhängt, die ein Mensch wahrnimmt, dürfte ebenso klar sein.« (Conrad 2022: 99)

Conrad weist hier auf einen wichtigen Punkt hin: Die Möglichkeiten politischer Partizipation sind in unserer Gesellschaft ungleich verteilt. Wer hat die zeitlichen Ressourcen und kann sich zum Beispiel frei nehmen, um an Protesten teilzunehmen? Das Zitat zeigt aber auch eine Unkenntnis sozialer Bewegungen jenseits akademischer Milieus, was breitere Bündnisse verhindert. Schließlich gibt es eine lange Geschichte von Protesten armutsbetroffener und nichtakademischer Menschen, neben der Arbeiter*innenbewegung zum Beispiel auch die Erwerbslosenbewegung (siehe Kapitel 2). Der zweite Satz offenbart außerdem einen klassistischen Blick auf nichtakademische Milieus, denen er nämlich unterstellt, nicht das Reflexionsvermögen zu haben, um die eigene Lebensführung infrage stellen zu können. Auch diese Annahme – dass die eigene Lebensführung besser sei und man selbst reflektierter – ist eine Form von Klassismus, die klassenübergreifende Bündnisse für Klimagerechtigkeit erschwert.

Ich erinnere mich auch an ein Bildungsseminar zur Ökologiebewegung, in dem besserverdienende Teilnehmer*innen recht schnell die Frage in den Mittelpunkt stellten: »Wie können wir die Bild-Zeitungsleser*innen erreichen, die mehrmals im Jahr nach Mallorca fliegen?« Sie selbst stünden ja bereits auf der richtigen Seite. Eine Seminarteilnehmerin erwiderte auf meine Klassismuskritik, man solle lieber schauen, warum sich »die Unterschicht« nicht für die Umwelt interessiere. Auch in den Anfragen klimapolitischer Gruppen, die einen Workshop zu Klassismus besuchen möchten, um mehr erwerbslose oder nichtakademische Menschen zu erreichen, schwingt diese Haltung mit: Jenen wird weniger Interesse an ökologischen Themen und ein nicht ökologischer Lebensstil pauschal unterstellt. Teilweise geht es aber auch um folgende Frage: »Wir wissen, dass arme Menschen und Arbeiter*innen am schlimmsten betroffen sein werden von der Klimakrise, und trotzdem gehen sie nicht mit uns auf die Straße, woran liegt das, was machen wir falsch?« Selten wird geschaut, wie reichere Menschen erreicht werden können, deren Lebensstil maßgeblich die Klimakrise befördert. Schließlich zeigen die Zahlen deutlich, dass akademische und vermögende Menschen einen sehr viel höheren CO_2-Verbrauch haben als Menschen, die armutsbetroffen oder Teil der Arbeiter*innenklasse sind. Reiche Menschen tragen überproportional zum Klimawandel bei (Spiegel 2021).

Das reichste ein Prozent verursacht 50 Prozent aller Emissionen im Flugverkehr, und auf die wohlhabendsten zehn Prozent der Weltbevölkerung gehen insgesamt 45 Prozent des weltweiten Treibhausgasausstoßes zurück (Gössling/Humpe 2020). Die untersten 50 Prozent der Weltbevölkerung sind hingegen lediglich für zehn Prozent der Emissionen verantwortlich (Oxfam 2017). So wird in einer Studie deutlich, wie eng Vermögensungleichheit und Emissionsausstoß zusammenhängen: In Europa gingen während der Pandemie zwei Drittel aller Emissionen zurück, während das obere ein Prozent der Bevölkerung seine Emissionen sogar noch um fünf Prozent gesteigert hat (Chancel/Piketty/Saez/Zucman 2021). Während einkommensärmere Menschen sparen, verbrauchen einkommensreiche Menschen immer mehr Ressourcen. Wer also muss »erreicht« werden? Wer muss motiviert werden, die eigene Lebensführung in den Blick zu nehmen und zu verändern? Wer hat es noch »nicht kapiert«? Dass sich akademische Besserverdienende als ökologische Avantgarde inszenieren können, obwohl ihr eigener Lebensstil, würden sie ehrlich hinschauen, keineswegs ökologisch ist, hat mit Klassismus zu tun. Während der Arbeiter*innenklasse und armutsbetroffenen Menschen zugeschrieben wird, sie seien materialistisch und nicht umweltbewusst, können sich besser verdienende Akademiker*innen als ökologische Avantgarde darstellen.

Klasse Klima: Ansatzpunkte für ein antiklassistisches Miteinander

Um die Klimabewegung klassismuskritischer zu gestalten, muss der Blick auf verschiedene Ebenen gelenkt werden. Der Verein *Bildung für utopischen Wandel* (BuWa) hat ein Handbuch zum Thema Klassismus und Klima geschrieben. Sie verstehen die Klimakrise als Gerechtigkeitsfrage und verbinden in ihrer Bildungsarbeit Fragen ökologischer, sozialer und globaler Gerechtigkeit. In dem Handbuch sprechen sie unterschiedliche Bereiche und Strategien an, mit denen Klassismus abgebaut werden kann. Ein Bereich ist die Sprache. Dazu schreiben die BuWa-Autor*innen bezogen auf die Klimabewegung:

> »Lange Plenarsitzungen mit akademischer Sprache und dominiert von Stimmen der Mittel- und Oberklasse. Manchmal nehmen wir im Rahmen von Klimaaktivismus – und generell im Rahmen von politischer Beteiligung – an langen und zähen Besprechungen teil, in denen vor allem Menschen mit akademischer Bildung zu Wort kommen, vor allem in Führungsrollen. Das ist nicht einladend für arme Menschen und Arbeiter*innen.« (Bildung für utopischen Wandel e.V. 2022: 7)

Ich empfehle, akademische Begriffe so weit wie möglich zu vermeiden – oder, wenn das nicht geht, sie konsequent zu erklären. In meiner Bildungsarbeit verwende ich hierfür die »Äh-was?«-Methode, die auch bei Gruppentreffen angewandt werden kann. Zu Beginn einer Veranstaltung hänge ich ein Plakat auf mit der Überschrift »Äh was?!«. Immer wenn ein unbekannter Begriff fällt, können

Teilnehmer*innen »Äh, was?« rufen. Der Begriff kommt dann auf das besagte Plakat. Die Person, die den Begriff verwendet hat, sollte ihn dann erklären; das fällt nicht immer leicht, denn zu oft verwenden wir Begriffe, die wir eigentlich selbst nicht wirklich verstanden haben, zum Beispiel Postwachstum, Habitus oder Hegemonie. Das Ziel ist, dass das Plakat möglichst leer bleibt, weil auf akademische Fachbegriffe verzichtet oder sie immer gleich erklärt wurden. Manchmal sind Fachbegriffe oder einfach neue Begriffe, die noch nicht alle kennen, wichtig, etwa im Bereich Antidiskriminierung. In meiner Bildungsarbeit bringe ich das Anliegen, Diskriminierungen auch sprachlich entgegenzuwirken, mit Fehlerfreundlichkeit zusammen. Um eine diskriminierungsarme Atmosphäre zu schaffen, in der es zugleich möglich ist, Fehler zu machen und zu lernen, müssen Begriffe aus dem Bereich Antidiskriminierung und Diversität erklärt werden, und Menschen, die sie nicht kennen, dürfen nicht dafür verurteilt werden.

In sozialen Bewegungen hat sich leider teilweise die Strategie eingeschlichen, stattdessen Glossare zu erstellen, dann werden auf vielen Seiten Fachbegriffe erklärt und definiert. Das ist gut gemeint, kann aber auch nach hinten losgehen. Ich erinnere mich noch daran: Als ich mit 15 Jahren anfing, mich politisch zu engagieren, hielt ich ellenlange Glossare in der Hand, die uns bei Veranstaltungen ausgehändigt worden waren. Erst mal sollten wir uns diese Begriffe anschauen. Solche Glossare können das Gegenteil dessen bewirken, was sie bezwecken. Dann kommen sich Menschen dumm vor, weil sie die meisten Begriffe noch nie gehört haben, und sie trauen sich erst recht nicht, zu sprechen – in der Annahme, dass sie dabei die Glossarbegriffe verwenden müssten. Auch die Verwendung englischsprachiger Begriffe wie *degrowth* (Postwachstum; Konzept und Bewegung, die die gesellschaftliche Ausrichtung am Wirtschaftswachstum kritisieren) ohne Übersetzung ist aus einer klassismuskritischen Perspektive schwierig. Doch wird von vielen Aktivist*innen lieber über »Klima und *Class*« oder »Klima und *Classism*« gesprochen – und damit vor allem ein studentisches und westdeutsches Publikum angesprochen.

Verbunden mit dem Thema Sprache ist der Habitus. Habitus bezeichnet die verkörperte Klasse, also wie man spricht, auftritt, welches Selbstbewusstsein man hat, wie man Räume betritt. Mir fällt auf, dass viele Klimaaktivist*innen mit klassenprivilegierter Herkunft ein Habitusproblem haben: Durch ihre Art aufzutreten und zu reden, schließen sie Leute aus und verhindern klassenübergreifende Bündnisse. So wird eine Klimaaktivistin, die das Wort »lanciert« verwendet oder über »den fossilistischen Kapitalismus« spricht, viele Menschen nicht erreichen. Hier kann es helfen, den eigenen Klassenhabitus zu erkennen und erste Schritte zu unternehmen, um ihn zu verlernen, zum Beispiel indem man sich eine zugängliche Sprache aneignet.

Zudem muss sich der Blick auf die Ansprache richten. Werden wirklich alle sozialen Klassen und Milieus gleichermaßen und aktiv angesprochen? *Fridays for Future* schreiben in einer Pressemitteilung: »Seit Monaten bestreiken Schüler*innen und Studierende auf der ganzen Welt freitags unter dem Namen Fridays for Future Schulen und Hochschulen. Ihre Kernforderung ist klar: eine Klimapolitik, welche die auf uns zukommende und bald unumkehrbare Klimakatastrophe abwendet« (Fridays for Future 2019). Hier werden neben Schüler*innen explizit Studierende angesprochen, während junge Menschen, die berufstätig sind oder eine Ausbildung machen, nicht erwähnt werden.

In der besagten Ansprache von FFF deutet sich ein weiterer wichtiger Bereich an, nämlich der der tatsächlichen Beteiligung. In Anfragen von *Fridays-for-Future*-Gruppen, die etwas zu Klassismus machen wollen, wird als Problem angesprochen, dass die Bewegung mehrheitlich aus Gymnasiast*innen und Studierenden besteht. Bei einer Bildungsveranstaltung vom BuWa-Kollektiv erzählt eine Person:

> »Wenn ich einer Klimagruppe beitrete, fühle ich mich oft alleine, weil ich, glaube ich, die einzige Person bin, die mit Hartz IV aufgewachsen ist. Für mich wäre es besser und angenehmer, wenn mehr Menschen mit verschiedenen Erfahrungen und nicht nur Menschen der Mittel- und Oberschicht oder der Öko-Bubble mitmachen würden.« (Bildung für utopischen Wandel e.V. 2022)

Um das Problem der Beteiligung anzugehen, sind alle in diesem Kapitel genannten Bereiche – wie Sprache und Ansprache – wichtig, denn sie bestimmen mit, wer sich eingeladen, willkommen und wohl fühlt und wer nicht. Die Zusammensetzung der eigenen Klimagruppe ist aber auch ein Thema, das für sich in den Blick genommen werden sollte, zusammen mit der Frage der Arbeitsteilung: Welche soziale Herkunft haben die beteiligten Personen überhaupt, wie ist ihr aktueller sozialer Status? Wer übernimmt welche Aufgaben in der Gruppe? Wer plakatiert, wer verteilt Flyer und wer vertritt die Gruppe in der Öffentlichkeit? Spielt hier die soziale Klasse hinein? Oft erzählen mir Aktivist*innen, die nicht studiert haben, dass ihnen das Reden in der Öffentlichkeit weniger zugetraut wird. Aus einer klassismuskritischen Perspektive ist es zentral, dass Menschen, die von Klassismus betroffen sind, öffentlich sprechen, etwa bei Podien, Vorträgen oder Workshops. Natürlich nur, wenn sie möchten. Bei Vereinen und NGOs sollte die eigene Personalpolitik in den Blick genommen werden: Stellenausschreibungen sollten klassismuskritisch reflektiert werden, und es sollten Menschen mit Expertise zu Klassismus eingestellt werden.

Ein wichtiger Schritt, um mehr soziale Gerechtigkeit in der Klimabewegung in Deutschland zu erreichen, liegt also darin, Teilnahmebarrieren abzubauen. Für die eigenen Gruppentreffen können zum Beispiel folgende Fragen reflektiert werden: Zu welchen Uhrzeiten finden die Treffen statt? Mit welchen Lebensrealitäten sind diese Zeiten vereinbar? Wo finden die Treffen statt? Ist der Ort gut zu erreichen, und welche Atmosphäre strahlt der Ort aus? Wird der Ort von Menschen aus der Arbeiter*innen- und Armutsklasse besucht? Veranstaltungen sind zugänglicher, wenn sie kostenlos sind oder wenn verschiedene Preisoptionen für Menschen mit unterschiedlichen Ressourcen angeboten werden.

#wirfahrenzusammen: Wie öko-soziale Allianzen gelingen

Es gibt in der Geschichte positive Beispiele für Ökologiebewegungen, die klassenübergreifend und klassismuskritisch organisiert waren. Eines ist die Anti-Atomkraft-Bewegung in Deutschland (Anti-AKW). Hier organisierten sich, zum Beispiel in Wackersdorf oder Gorleben, Bäuer*innen und Landwirt*innen gemeinsam mit Studierenden und anderen Anwohner*innen. Menschen in Wackersdorf (Oberpfalz) organisierten sich gegen eine Wiederaufarbeitungsanlage, in der Kernenergie verarbeitet werden sollte. Die lokale Verortung der Bewegung, die umweltschädliche Infrastruktur verhindern wollte, machte Bündnisse über Klassengrenzen hinweg möglich. Menschen aus unterschiedlichen Bewegungen haben gemeinsam etwas bewegt.

#wirfahrenzusammen – unter diesem Motto gründete sich 2020 eine Allianz aus *Fridays for Future* und der *Vereinten Dienstleistungsgewerkschaft* (ver.di). Anlass waren die anstehenden Tarifverhandlungen im öffentlichen Personennahverkehr (ÖPNV). In über 30 Städten in Deutschland kamen Klima- und Gewerkschaftaktive zusammen. In dem Buch *Fahren wir zusammen? Die öko-soziale Allianz von ver.di und Fridays for Future im ÖPNV* wird die konkrete Zusammenarbeit zwischen Gewerkschaften und Klimaaktivist*innen im Rahmen einer Studie analysiert (Liebig/Lucht 2022). Sozial-ökologische Allianzen zu schließen, so die Autor*innen, sei eine wichtige Strategie für eine sozial-ökologische Transformation. #wirfahrenzusammen erprobte eine ökologische Klassenpolitik praktisch und mündete in gemeinsamen Warnstreik und öffentliche Aktionen. Im Mittelpunkt standen Forderungen nach besseren Arbeitsbedingungen und einem nachhaltigen Verkehrssystem.

Für die besagte Studie wurden qualitative Interviews mit Gewerkschafts- und Klimaaktivist*innen und mit Beschäftigten geführt, außerdem wurde eine quantitative Untersuchung vorgenommen. Untersucht wurde dabei auch der Umgang mit sogenannten sozial-ökologischen Transformationskonflikten und was das Entstehen von Allianzen zwischen Klima- und Gewerkschaftsaktiven erschwerte und was es beförderte. Deutlich wurden hierbei unter anderem Unterschiede in der Klassenherkunft und Klassenposition. Als hilfreich wurde ein offener Umgang damit erlebt. So betont ein gewerkschaftlich Aktiver:

> »Die sind auf uns zugegangen und haben gesagt ›Also, wenn wir mal ehrlich sind, kommen wir in den meisten Fällen aus Haushalten, die vom Geld her gut versorgt sind, und von der Arbeit, wie ihr die macht, haben wir, ehrlich gesagt, überhaupt

keine Ahnung. Seid doch mal so nett und erzählt uns was davon, damit wir überhaupt wissen, wovon wir hier sprechen.‹ «
(HH_Beschäft_1, nach Liebig/Lucht: 37)

Die Allianzen zwischen Klimaaktivist*innen und Beschäftigten haben allerdings nicht in allen Städten gleich gut funktioniert, was die Autor*innen auch auf die unterschiedlichen sozialen Milieus zurückführten. Schwierig war es offenbar in Städten, in denen die FFF-Aktivengruppen überwiegend aus jungen Akademiker*innen bestehen (Liebig/Lucht: 45).

Ein Beispiel für eine lokale Allianz zwischen Klimaaktivist*innen und Beschäftigten waren die erfolgreichen Proteste der Berliner Krankenhausbewegung 2021. *Fridays for Future* und *Ende Gelände* beteiligten sich damals an den großen Protesten für bessere Arbeitsbedingungen an den Berliner Krankenhäusern.

Klimagerechtigkeit muss sozial gerecht gedacht werden, um eine breite Zustimmung zu erhalten (Bell 2020). Je größer die Vermögens- und Einkommensungleichheit, umso mehr belasten die Kosten der sozial-ökologischen Transformation die Arbeiter*innen- und die Armutsklasse (Chancel/Piketty/Saez/Zucman 2021) – sofern sie eben nicht sozial gerecht und klassismuskritisch gestaltet wird. Das muss sie aber sein, um mehr Leute für diese Veränderungen zu begeistern. Ein positives Beispiel ist die Forderung nach einem Klimageld. Dazu die Grundidee: Der Staat verteuert CO_2-intensive Produkte und Dienstleistungen (CO_2-Bepreisung) und zahlt das eingenommene Geld zurück an die Bürger*innen – und zwar an alle gleich viel. Der Clou: Arme Menschen profitieren unterm Strich, Reiche zahlen drauf – weil Letztere nun mal sehr viel klimaschädlicher leben. Tatsächlich gibt es in Deutschland inzwischen eine (noch niedrige) CO_2-Bepreisung – nicht jedoch das im Koalitionsvertrag versprochene Klimageld. Die Folge: Die Lebenshaltungskosten steigen für alle, bei Armen wird das Geld noch knapper. Zum Klimastreik im September 2023 forderten FFF zusammen mit *Der Paritätische* die Einführung des versprochenen Klimageldes. Auf der Website von *Fridays for Future* (2023) heißt es:

> »Reiche Menschen können fröhlich weiter um den Globus fliegen und sich Wagyu-Steaks mit Blattgold kaufen, während arme Menschen zu Hause jede Salami umdrehen. Soziale Ungerechtigkeiten können also durch CO_2-Bepreisung noch verstärkt werden. [...] Aus dieser Problematik entstand die Idee des Klimagelds. [...] Das ist effektive Umverteilung: Wenn reiche Menschen ihren Lebensstil nicht maßgeblich einschränken, zahlen sie drauf – während arme Menschen stark profitieren.«

Der Paritätische und FFF verfassten eine Presseerklärung zum Thema, und beim Streik in Berlin sprach der Vorsitzende des Verbandes, Ulrich Schneider, und verlieh der Forderung Nachdruck.

Aktuell wird die Klimabewegung von rechter und rechtskonservativer Seite erfolgreich als Feindbild gezeichnet, indem sie als elitär dargestellt wird. Klimapolitische Themen und ökologische Lebensweisen werden als Themen von besserverdienenden Menschen dargestellt, die den anderen den eigenen »Lebensstil aufdrücken« wollten. Dann werden zum Beispiel Fahrräder im Allgemeinen und das Lastenrad im Besonderen als elitäre Symbole etabliert – im Gegensatz zum Auto, das als Verkehrsmittel der alleinerziehenden Krankenschwester inszeniert wird. Dies deckt sich allerdings nicht mit den Fakten, so leben in Großstädten armutsbetroffene Menschen häufiger ohne Auto und sind auf das Fahrrad oder den öffentlichen Nahverkehr angewiesen. Sicherlich stellt das Lastenrad im Speziellen auch eine Form von kulturellem Kapital dar, das den eigenen sozialen Status markiert. Aber auch hier entspricht die viel bemühte Erzählung, beim Lastenrad handle es sich um ein Gefährt der Oberschicht, eher nicht der Realität. So schreibt der Spiegel:

> »Eine Untersuchung des Sinus-Instituts widerlegt das überstrapazierte Klischee vom Großstadt-Yuppie, der seine Kinder mit dem Lastenrad vom Loft in die bilinguale Kita chauffiert. Demnach hängt das Kaufinteresse an Cargobikes nicht ›erkennbar von der Höhe des Einkommens ab‹ und sei sogar in ›Unterschicht und unterer Mittelschicht‹ besonders ausgeprägt. Wer weniger verdient, fährt tendenziell ohnehin mehr Fahrrad, während mit steigendem Einkommen mehr Auto gefahren wird.« (Wadewitz 2021)

Um Wege in eine sozial und ökologisch gerechte Welt zu finden, müssen wir dem rechten und rechtskonservativen Narrativ andere Erzählungen entgegenstellen. Dafür gilt es, die Diversität, die es bereits in der Klimabewegung gibt, sichtbar zu machen und weiter zu stärken. Wir können uns alle fragen: Welche Bilder assoziiere ich mit der Klimabewegung? Wie hängen diese Bilder und Vorstellungen mit sozialen Klassen zusammen? Woher stammen diese Bilder? Entsprechen sie der Realität oder handelt es sich um Fake News?

6 Klassismus und Intersektionalität: Verwobenen Diskriminierungsverhältnissen entgegentreten

Aktuell stellen rechte Narrative Menschen, die für Gerechtigkeit und Menschenrechte eintreten, als »*woke* Elite« dar, die den sogenannten normalen Leuten ihren Lebensstil aufdrängen wolle (Movement Hub 2023). Sie sind damit erfolgreich, der Diskurs gegen die sogenannte *wokeness*, also gegen Menschen, die sich gegen Diskriminierung und Ungleichheit einsetzen, verbreitet sich immer weiter. Hierbei entstehen Spaltungen, sie stellen *weiße* Arbeiter*innen gegen migrantische Arbeiter*innen, ökologische Themen gegen soziale Themen und Geschlechtergerechtigkeit gegen Klassenfragen.

Auch in meinen Fortbildungen und Podien als Antidiskriminierungstrainer*in erlebe ich regelmäßig, dass Diskriminierungsformen gegeneinander ausgespielt oder miteinander in Konkurrenz gesetzt werden. So fragen mich Menschen: »Ist Klassismus denn nicht die wirkmächtigste Diskriminierungsform in Deutschland, stärker alles andere?« Andere Personen betonten, dass Rassismus doch viel wirkmächtiger sei als Klassismus. Oder ich werde in der Pause darauf angesprochen, ob geschlechtergerechte Sprache nicht eigentlich klassistisch sei. Dieses Ausspielen von Diskriminierungsformen sollten wir möglichst vermeiden, da es zu Spaltungen führt und intersektionale Bündnisse verhindert.

Klassismus muss, auch um diesen Diskursen etwas entgegenzusetzen, intersektional gedacht werden. Dies darf nicht nur theoretisch passieren, sondern muss sich auch in

Handlungen umsetzen. In diesem Kapitel geht es um die Frage, wie intersektionale Bündnisse eingegangen werden können und warum sie notwendig sind. Doch was bedeutet »Intersektionalität«?

Der Begriff Intersektionalität beschreibt die Verschränkung verschiedener Ungleichheit generierender Kategorien (Küppers 2014). Er wurde Ende der 1980er-Jahre maßgeblich durch die amerikanische Juristin Kimberlé Crenshaw (Crenshaw 1989) geprägt. Crenshaw nutzte das Bild der Straßenkreuzung *(intersection)*, an der sich Kategorien überschneiden, um die Verwobenheit von Ungleichheiten zu verdeutlichen. Die Forschung zu Intersektionalität (Winker/Degele 2009) oder Interdependenz (Walgenbach/Dietze/Hornscheidt/Palm 2007) analysiert das Zusammenwirken verschiedener Diskriminierungskategorien und betrachtet ihre Verschränkungen und Wechselwirkungen. Intersektionalitätsforschung ermöglicht es, mehrfache und verschränkte Ungleichheits- und Unterdrückungsverhältnisse zu analysieren (Baer/Bittner/Götsche 2010). Was heißt dies nun für die Praxis sozialer Bewegungen? Hier geht es um die Frage, wie sich unterschiedliche Kämpfe stärker zusammendenken lassen, zum Beispiel der Kampf gegen Rassismus mit dem Kampf gegen Klassismus. Wie lassen sich Bündnisse entlang verschiedener gesellschaftlicher Kämpfe bilden? Was haben die Kämpfe gegen die Klimakatastrophe, gegen Sexismus, gegen Queerfeindlichkeit, gegen Antisemitismus, gegen Rassismus und gegen Klassismus gemeinsam? Wie können gemeinsame Bündnisse aufgebaut werden?

Häufig wirkt Klassismus gemeinsam mit Rassismus, dies zeigt beispielsweise eine Betroffenenbefragung im Auftrag der Antidiskriminierungsstelle des Bundes. Die Ergebnisse der Befragung weisen auf »Mehrdimensionalitäten« hin, die sich hinsichtlich der Diskriminierungserfahrungen anhand der »sozioökonomischen Lage« sowie des »Migrationshintergrundes« ergeben (Beigang/Fetz/Kalkum/Otto 2017). So berichteten »rund 27,7 Prozent der Befragten, die Diskriminierung anhand der sozioökonomischen Lage erfahren hatten, dass diese gleichzeitig auch aus rassistischen Gründen bzw. anhand der (ethnischen) Herkunft erfolgt sei« (ebd., 115). Eine weitere Befragung der Antidiskriminierungsstelle kommt zu dem Ergebnis, dass »Personen mit Migrationshintergrund ein höheres Risiko aufweisen, anhand der sozioökonomischen Lage Diskriminierung [zu] erfahren« (ebd.). Intersektionen von Rassismus und Klassismus zeigen sich sehr deutlich im Bildungsbereich, aber auch im Gesundheitssystem und auf dem Wohnungsmarkt. So erhalten Schüler*innen mit Migrationshintergrund in Deutschland im Durchschnitt schlechtere Schulempfehlungen und schlechtere Noten, insbesondere wenn sie aus der Arbeiter*innen- und Armutsklasse kommen (Bildung für utopischen Wandel e.V. 2022).

Unter den Menschen, die Klassismus erleben, befindet sich ein bedeutender Anteil rassifizierter Menschen und Personen mit Fluchtgeschichte (Rezene 2022: 4). Dyana Rezene betont: »So arbeiten etwa überdurchschnittlich viele Menschen ohne deutsche Staatsangehörigkeit oder mit Migrationshintergrund im Niedriglohnsektor unter äußerst prekären Umständen« (Rezene 2022: 6). Bell hooks beschreibt in ihrem Buch *Die Bedeutung von Klasse* anhand ihrer Erfahrungen als Schwarze und als Arbeiter*innenkind in den USA Klassismus und Rassismus als »ineinandergreifende Systeme« (hooks 2021).

Es gibt bereits zahlreiche Bündnisse und Bewegungen, die intersektional organisiert sind. Die Berliner Erwerbsloseninitiative *Basta*, die Menschen im Jobcenter begleitet und auch politisch zum Jobcenter arbeitet, verfolgt einen intersektionalen Ansatz. In ihrer politischen Praxis und Selbsthilfe begreifen die *Basta*-Aktivist*innen »die verschiedenen Formen der Unterdrückung und Diskriminierung [...] als ineinandergreifende und sich gegenseitig stützende Unterdrückungsstrukturen.« Die intersektionale Sicht ergibt sich bei *Basta* aus der Praxisnähe der Initiative bzw. ihrer praktischen Arbeit und deren Reflexion; schließlich erleben viele Menschen, die von Armut und Klassismus betroffen sind, auch Rassismus, Sexismus und/oder andere Formen der Unterdrückung. *Basta* berichtet dazu:

> »Auf dem Feld der direkten Auseinandersetzung werden Klassenunterschiede spürbar, auch im Zusammenhang mit Rassismus. Es gibt eindeutig demütigende und rassistische Maßnahmen des Jobcenters gegenüber Jugendlichen und jungen Erwachsenen, die nicht-*weiß* sind. Diese werden mehr oder weniger ausschließlich in Security-, Putz- und Gastronomiestellen vermittelt.« (Basta 2020: 63)

Und weiter:

> »Als deutsch gelten, alt sein, anders gesund sein, Frau sein – all das sollten eigentlich keine Kriterien sein, aber: Es gibt ungleiche Lebensrealitäten und festsitzende strukturelle Benachteiligungen und deshalb braucht es unterschiedliche taktische Handlungsoptionen. So kann eine Person, die keine Aufenthaltsgenehmigung hat, sich nur äußerst begrenzt in einen Konflikt mit der Staatsgewalt begeben, da die Abschiebung als Drohung über ihr schwebt. Aber es gelten gleichermaßen deutsche wie türkische und arabische ›Unterschichten‹ als minderwertig. Im Jobcenter haben wir die Erfahrung gemacht, dass Migrantinnen aus Süd- und Osteuropa systematisch eine (Anerkennung) der Ausbildung verweigert wird: ›Sie kommen aus Italien? Gehen Sie spülen oder kochen in einem italienischen Restaurant.‹ Sexismus hört sich im Jobcenter so an: ›Sie kriegen

> schon wieder ein Kind? Gehen Sie putzen oder nehmen Sie die Pille‹.« (Basta 2020: 66–67)

In den USA wurde nach dem Wahlsieg Donald Trumps 2016 von linken Aktivist*innen das Kommunikationskonzept »Race-Class-Narrative« entwickelt, als eine Strategie gegen den Kulturkampf von rechts. Hierbei wird versucht, der Spaltung zwischen der *weißen* und BIPoC[10]-Arbeiter*innenschaft entgegenzuwirken, indem gemeinsame Erfahrungen und Interessen in den Mittelpunkt gestellt und erfolgreiche Organisierungen in der Vergangenheit betont werden. Die Strategie wurde seitdem in sozialen Bewegungen, Organisationen und Gewerkschaften in verschiedenen Ländern praktisch erprobt und angepasst.

Klassismus ist auch mit anderen Formen der Diskriminierung eng verwoben, beispielsweise mit Sexismus, Rassismus und Queerfeindlichkeit. *Basta* hält dazu fest:

> »Familienpolitik schließt arme Frauen von vielen, nicht nur finanziellen Zuwendungen aus. So muss eine alleinerziehende Frau zwar alle existierenden finanziellen Zuwendungen wie Kindergeld, Elterngeld und Unterhalt beantragen – all das wird ihr aber vom Hartz4-Satz abgezogen. Sie verbleibt in ihrer Armutslage. […] Als Sahnehäubchen kommt vielleicht noch obendrauf, dass sie mit ihren Kindern aus einer Situation häuslicher Gewalt geflohen ist. Es ist eine wahre Schlacht.« (Basta 2020: 64)

Tatsächlich ist alleinerziehende Mutterschaft eine der Hauptrisiken dafür, in Deutschland Armut zu erleben. *Basta* hat eine eigene Frauengruppe gegründet, in der die

10 »BIPoC ist die Abkürzung von Black, Indigenous, People of Color und bedeutet auf Deutsch Schwarz und Indigen und der Begriff People of Color wird nicht übersetzt. All diese Begriffe sind politische Selbstbezeichnungen. […]« (Migrationsrat 2020)

Beteiligten ihre spezifische Lebenssituation genauer in den Blick nehmen und sich darüber austauschen können.

Aber auch Trans- und Queerfeindlichkeit sind eng mit Klassismus verwoben. In der Studie *Care trans_formieren. Eine ethnographische Studie zu trans und nicht-binärer Sorgearbeit* habe ich die Verwobenheit von Klassismus und Transfeindlichkeit in den Blick genommen. Viele trans Personen sind von Einkommensarmut, finanziell unsicheren Beschäftigungsverhältnissen und Erwerbslosigkeit betroffen (Seeck 2021: 79). Ihr Lebensalltag ist häufig durch materielle Unsicherheit, eine mangelhafte Gesundheitsversorgung, das Fehlen existenzsichernder Renten und eine prekäre Wohnsituation geprägt (Becker 2018). Der Arbeitsmarkt ist ebenso wie andere gesellschaftliche Institutionen von Normen der Zweigeschlechtlichkeit durchzogen. Viele trans Personen verlieren ihren Job nach ihrem trans Coming-out (Fuchs/Ghattas/Reinert/Widmann 2012: 126). In der EU waren, laut einer Studie von 2010, über 30 Prozent aller trans Personen erwerbslos (Franzen/Sauer 2010). Viele trans Personen finanzieren den eigenen Lebensunterhalt mit informeller Arbeit oder geringen Löhnen, die keine Existenzsicherung im Alter oder bei Krankheit zulassen (Becker 2018). Zudem sind viele trans Personen im Bildungssystem benachteiligt. Das Schulsystem ist von Cisnormativität durchzogen, was die hohe Quote an Schulabbrüchen unter trans Jugendlichen erklärt und den Zugang zu Bildungsabschlüssen erschwert (Fütty 2017: 123). Mit dem Ausdruck »Purple Collar Labor« wird eine transspezifische Arbeitsmarktsegregation (David 2015) bezeichnet. Insbesondere die Service-Industrie hat eine neue Beschäftigungsnische für trans Personen geschaffen (ebd.). Vor allem trans Weiblichkeiten finden sich in schlecht bezahlten und gesellschaftlich abgewerteten Care-Jobs, Putz-Jobs und Service-Jobs wieder.

Den Hintergrund bilden die strukturell diskriminierenden Bedingungen, denen trans Personen, insbesondere trans Frauen auf dem Arbeitsmarkt begegnen.

Margot Weiss und Amber Hollibaugh beschreiben in ihrem Artikel *Queer Precarity and the Myth of Gay Affluence* die strukturell prekäre Situation von LSBTIQ[11], insbesondere von trans und lesbischen Personen (Hollibaugh/Weiss 2015: 18). Viele LSBTIQ-Personen seien in der Armuts- oder Arbeiter*innenklasse verortet und/oder von Rassismus betroffen und hätten Probleme, einen Job zu finden und ihre Miete zu bezahlen (ebd.). Unter dem Begriff »Queer Economic Injustice« (in etwa: queere wirtschaftliche Ungerechtigkeit) zeigen sie auf, wie sich die Diskriminierungen von LSBTIQ-Personen, die im Niedriglohnsektor arbeiten müssen oder erwerbslos sind, mit Queer- und Transdiskriminierung verschränken. Queere und Gender-nicht-konforme Personen seien vulnerabler für Armut als heterosexuelle weiße able-bodied (ohne Behinderungen) cis Personen (Hollibaugh/Weiss 2015: 19 ff., Seeck 2021). Gleichzeitig jedoch herrsche das Stereotyp vor, dass LSBTIQ mehrheitlich klassenprivilegiert verortet seien. Dieser scheinbare Wohlstand von LSBTIQ-Personen sei ein Mythos, der dazu führe, dass sowohl die LSBTIQ- als auch die gewerkschaftliche Bewegung das zunehmende queere Prekariat übersähen (Hollibaugh/Weiss 2015: 18). Auch spezifisch rechte und konservative Narrative gegen sogenannte *wokeness* oder Identitätspolitik behaupten, Themen rund um sexuelle und geschlechtliche Vielfalt seien Themen einer sogenannten Elite und von klassenprivilegierten Menschen. Dieser Diskurs tarnt Homo-, Trans- und Queerfeindlichkeit als angeblichen Anspruch sozialer Ge-

11 Die Abkürzung LSBTIQ bedeutet: lesbisch, schwul, bi, trans, inter, queer.

rechtigkeit. Soziale Gerechtigkeit sollte jedoch immer auch die Frage der geschlechtlichen und sexuellen Vielfalt mitdenken, und intersektionale Bündnisse rund um Klassismus sollten die Verwobenheit von Klassismus mit Queer- und Transfeindlichkeit berücksichtigen. Hierbei lohnt sich der Blick in die Geschichte, da queere und klassismuskritische Bewegungen eng miteinander verwoben sind. Für heutige queere Bewegungen ist ein selbstkritischer Blick auf klassistische Ausschlüsse zentral und der Abbau von Hürden entlang von Klassenherkunft und Klassenposition.

Selten Thema in Deutschland, auch in intersektionalen Ansätzen, ist Armut unter Jüdinnen*Juden.[12] Erica Zingher schreibt dazu in ihrem Text *Geschenke kosten. Warum Armut ein wesentlicher Teil jüdischer Gegenwart ist* Folgendes:

> »Über Armut wird ungern gesprochen. Armut ist schambehaftet. [ ] Über jüdisches Leben hingegen redet man in Deutschland gerne. Jedenfalls über jenes jüdische Leben, wie es die deutsche Gesellschaft am liebsten hätte: mit Kippa und Klezmer-Musik. Verbindet man nun beide Themenfelder, Armut und Juden, entsteht eine Realität, die außerhalb der Vorstellungskraft vieler liegt: Arme Juden. Wie fremd klingt das in deutschen Ohren?« (Zingher 2022)

Dabei ist jüdische Armut, vor allem Altersarmut, ein riesiges Problem in Deutschland: Etwa 65.000 bis 70.000 Jüdinnen*Juden hierzulande leben in Armut (Jüdische Allgemeine 2023), und sage und schreibe 93 Prozent der jüdischen Zuwander*innen (die allermeisten aus Ländern der ehemaligen Sowjetunion) sind im Rentenalter auf Grundsicherung angewiesen (ZWST 2022). Die *Zentralwohlfahrtsstelle der Juden in Deutschland* (ZWST) hat 2022

12 Für den Hinweis auf dieses Thema danke ich Julia Roßhart.

ein »Factsheet zum Problem der Altersarmut unter jüdischen Zuwander*innen« (ZWST 2022) veröffentlicht. Von den 400.000 Shoa-Überlebenden weltweit lebten im Jahr 2020 40 Prozent unter der Armutsgrenze ihres jeweiligen Aufenthaltsortes (Jüdische Allgemeine 2023). Auf tagesschau.de heißt es: »Viele Überlebende der Shoa müssen bis heute um finanzielle Entschädigung kämpfen. Einige sind von Altersarmut betroffen, weil sie aufgrund ihrer Verfolgungsgeschichte durch alle sozialen Raster fielen« (Dechert 2020). Jüdische Altersarmut wird in der Öffentlichkeit kaum beachtet. Das dürfte nicht zuletzt mit dem uralten antisemitischen und verschwörungstheoretischen Bild von den reichen und mächtigen Juden zu tun haben.

Auch Ableismus und Klassismus sind eng miteinander verwoben. Ableismus bezeichnet die Diskriminierung aufgrund von Behinderung und/oder (angenommener) Beeinträchtigung (Maskos 2010, Maskos/Kaiser 2023). Bisher stellt die Intersektion jedoch noch eine Lücke in der Klassismus- und Dis/ability-Studies-Forschung dar (Karim 2023: 32). Sarah Karim macht darauf aufmerksam, dass Menschen mit Behinderungen verstärkt armutsgefährdet sind, da sie einen schlechteren Zugang zu fair bezahlter und abgesicherter Lohnarbeit und Bildungsabschlüssen hätten (Karim 2023: 34). Zudem haben viele einen beeinträchtigungsbedingten finanziellen Mehrbedarf, was die Abhängigkeit von staatlichen Leistungen erhöht (Maschke 2007: 304). Umgekehrt sind armutsbetroffene Menschen häufiger von Beeinträchtigungen betroffen, da ihre gesundheitliche Versorgung schlechter ist als die von wohlhabenden Menschen (Waldschmidt 2012: 717). Karim betont, dass Klassismusforschung und Dis/ability Studies sowohl in wissenschaftlichen Auseinandersetzungen als auch in der politischen Bildung und im zivilgesellschaftlichen Engagement dringend stärker miteinander in Dialog treten müssen (Karim 2023: 43). Um Bündnisse zu bilden, die diese Intersektion in den Mittelpunkt stellen, sei ein erster zentraler Schritt, Menschen, die Ableismus *und* Klassismus erleben, einzubinden sowie dafür bauliche und kommunikative Barrieren abzubauen (ebd.).

Mir ist bewusst, dass ich in diesem Kapitel einige Diskriminierungsformen, die ebenfalls mit Klassismus verwoben sind, ausgelassen, andere vergleichsweise kurz behandelt habe, obwohl auch sie eine intensive Betrachtung verdient hätten. Bei einigen davon fehlt mir die Expertise, bei manchen verweise ich auf Bücher und Expert*innen dazu. Bei anderen gibt es bisher wenig Texte zu Intersektionen mit Klassismus. Dies ist eine Lücke, die noch gefüllt werden sollte.

Es gibt keine einfachen und allgemeingültigen Handlungsanweisungen für eine intersektionale Praxis. Begonnen werden kann damit, das jeweils eigene Handlungsfeld zu reflektieren: Welche Diskriminierungsformen überschneiden sich hier? Welche Perspektiven werden sichtbar, welche sind unsichtbar? Wer wird ausgeschlossen und wer eingeschlossen? Welche Barrieren können abgebaut werden, um Menschen, die Mehrfachdiskriminierung erleben, die Teilnahme zu ermöglichen? Wie können unterschiedliche Diskriminierungsformen in ihrer Verwobenheit in den Mittelpunkt gestellt werden?

7 Klassismus überwinden: Die nächsten Schritte in eine sozial gerechte Gesellschaft

In diesem Buch habe ich gefragt, wie wir Klassismus überwinden können und Wege in eine sozial gerechte Gesellschaft finden. Auf diese komplexe Frage gibt es keine einfachen Antworten. Zu Beginn meiner Fortbildungen zu Antidiskriminierung sage ich immer, dass es gut ist, wenn Teilnehmer*innen am Ende mehr Fragen haben als am Anfang des Seminars. Dasselbe gilt auch für dieses Buch. Es gibt keine einfache Wegbeschreibung, die uns in eine sozial gerechte Gesellschaft führen würde. Ich kann auch keine Handlungsanweisung liefern, wie sich Klassismus überwinden lässt. Es ist auch für mich nicht möglich, zu sagen, was richtig und was falsch ist, in diese Position möchte ich mich auch ungern begeben. Im Schreibprozess für dieses Buch entwickelte ich immer wieder neue Fragen, und mir wurde bewusst, *wie* komplex die Frage ist, wie sich Klassismus überwinden lässt. Eins ist jedoch sicher: Um eine gerechtere Welt zu entwickeln, müssen wir Klassismus und andere Diskriminierungsformen hinter uns lassen.

Die nächsten Schritte zu einer sozial gerechten Gesellschaft müssen wir gemeinsam gehen. Wir müssen neue Ansätze ausprobieren, dabei auch stolpern, lernen und es neu probieren. Dieses Buch ist der Versuch, nicht nur zu analysieren, was schiefgeht, wie Klassismus die Gesellschaft prägt, sondern auch und vor allem erste Wege in eine sozial gerechte Gesellschaft aufzuzeigen. Aktuell leben wir in einer Art Dystopie, arme Menschen werden immer ärmer und reiche immer reicher, der Wohnraummangel nimmt zu, Ungleichheit im Bildungssystem verstärkt sich, und armutsbetroffene Menschen werden aus den Innenstädten verdrängt. Gleichzeitig gibt es auch Anlass zur Hoffnung: Es gibt viele reale Utopien und Projekte, die Klassismus begegnen und zu überwinden versuchen. Die soziale Ungleichheit, die wir erleben, ist menschengemacht, sie ist nicht natürlich, sondern Effekt von Entscheidungen, und viele Menschen bauen im Hier und Jetzt eine sozial gerechtere Gesellschaft auf. Es gibt bereits Gruppen, die es anders machen. Hierbei ist es wichtig, Klassismus zu verlernen, neues Wissen zu erwerben, Dinge anders zu machen, Neues auszuprobieren und zu experimentieren. Es gibt bereits Gruppen, die ihre Ressourcen miteinander teilen. Wir müssen beides gleichzeitig machen: Klassismus und andere Diskriminierungsformen erkennen lernen und ansprechen, aber auch im Hier und Jetzt eine sozial gerechte Zukunft erproben. Dabei geht es auch um die grundlegenden Fragen: Wie arbeiten wir? Was arbeiten wir? Wie wohnen wir? Was produzieren wir?

Klassismus wird als Diskriminierungsform noch häufig unsichtbar gemacht. Deshalb ist ein wichtiger Schritt, um Klassismus zu überwinden, seine Thematisierung und Sichtbarmachung. Andreas Kemper zufolge ist die »Unsichtbarmachung von Klassismus als Unterdrückungsform [...] selber eine Folge des Klassismus, nämlich von klassistischen Machtverhältnissen, klassistischer Marginalisierung und vor allem von klassistischem Kulturimperialismus« (Kemper 2016: 7). Über Klassismus zu sprechen, sich mit Klassismus als Diskriminierungsform auseinanderzusetzen und ihn zu thematisieren sind also erste wichtige Schritte. Klassismus, also die Diskriminierung entlang von sozialer Herkunft und/oder sozialer Position, sollte auch in die

Antidiskriminierungsgesetzgebung aufgenommen werden, um größere gesellschaftliche Debatten und Prozesse in Gang zu setzen.

In den Bewegungen für eine sozial gerechte Gesellschaft müssen wir überlegen, wie wir mehr werden können. Auch wenn ich mich wiederhole: Aus einer klassismuskritischen Perspektive müssen wir anders miteinander sprechen. Aktuell sind vor allem Menschen, die studiert haben oder studieren, in Gerechtigkeitsbewegungen aktiv. Dies wird auch als Akademisierung bezeichnet. Brigitte Theißl sagt zur Akademisierung feministischer Bewegungen:

> »Ich war in verschiedenen queer-feministischen Gruppen aktiv; gerade wenn für etwas Kohle da ist und Vortragende eingeladen werden, sind die wichtigsten Kriterien oft akademische Abschlüsse und Prominenz. Es ist schwierig, darüber ins Gespräch zu kommen, dass solche Kriterien nicht die einzigen sein können und dass Erfahrungswissen oft abgewertet wird, wenn es nicht mit einem Abschluss oder Preisen verbunden ist.« (Abou/Theißl/Witte 2020: 41–42)

Leider habe ich in den letzten Jahren keine Veränderungen dabei feststellen können, wer in der Debatte rund um soziale Gerechtigkeit spricht. Das muss sich ändern! Erfahrungswissen sollte mindestens so ernst genommen werden wie Fachexpertise. Eine sozial gerechte Gesellschaft können wir nur in klassengemischteren Zusammenhängen erreichen. Neben der Frage, wem zugehört wird, wer auf Podien sitzt und wer im Publikum, müssen wir auch auf die Sprache achten, die wir verwenden. Oft wird in heutigen sozialen Bewegungen eine akademische Sprache verwendet, die Menschen ausschließt. Tanja Abou teilt eine Erfahrung, die sie in einem Hausprojekt bei einem Plenum gemacht hat:

> »Es wurden Begriffe und Konzepte genannt, vielleicht kennt ihr das: Es reden Leute, ihr versteht kein Wort. Die innere Hürde, die man überwinden muss, um zu sagen, ›Hey, kannst du das noch mal in anderen Worten erklären‹, ist groß. Ich saß also in diesem linken Plenum und habe gesagt: ›Hey, ich habe das gerade nicht verstanden.‹ Die Antwort war: ›Es gibt nun mal Wissenshierarchien. Dann müssen Leute sich das anlesen.‹ Wer in diesen Räumen sitzt, zeigt sich an dieser Reaktion und daran, dass du so beschämt werden darfst, ohne dass jemand sagt: ›Das finde ich nicht okay.‹ Niemand springt für mich ein: ›Ich habe das auch nicht verstanden.‹ Stattdessen lacht das Plenum. Ich gehe raus und heule und fühle mich völlig fehl am Platz.« (Abou/Theißl/Witte 2020: 42)

Viele Menschen erzählen mir von ähnlichen Erfahrungen, die sie gemacht haben und die mit Beschämung einhergingen. Das muss sich ändern. Eine Möglichkeit dazu ist die Methode der »Äh-was«-Liste, die ich in meiner eigenen Bildungsarbeit verwende und im Kapitel 5 beschreibe: Das Ziel ist, dass möglichst wenige Fachbegriffe verwendet und dass sie immer erklärt werden. Auf dem Weg in eine sozial gerechtere Gesellschaft können wir gleich jetzt anfangen, hierarchische Arrangements der klassistischen Gesellschaft zu hinterfragen: Wer spricht in der Talkshow zum Thema Armut oder der Expert*innenrunde zum Thema Bürgergeld? Welche Personen sitzen auf dem Podium? Wer ist im Publikum? Welche Personen werden als würdig erachtet, das Wort zu ergreifen und gehört zu werden? Welches Wissen gilt als Wissen? Wir sollten aufhören, den klassistischen Status quo zu reproduzieren, und uns von dem vorherrschenden klassistischen Denken lösen.

Wir können von den vielen Initiativen und Gruppen, die sich schon heute anders organisieren und sich auf den Weg in eine sozial gerechtere Welt gemacht haben, lernen: von den Erwerbslosen- und Wohnungslosenbewegungen zum Beispiel oder von der Bewegung #IchBinArmutsbetroffen (Amer 2020). Die Berliner Erwerbsloseninitiative *Basta* beschreibt sich als Treffpunkt, Lernfeld und Antwort auf die Isolierung:

> »Begegnung zwischen und praktisches und solidarisches Interesse an Menschen, die verarmt sind, sind eine Voraussetzung für Widerstand. Wir wollen diejenigen mobilisieren, die ein Interesse an der Veränderung der Verhältnisse haben. Wir handeln, um kollektive Verbesserungen zu erstreiten.« (Basta 2020: 59)

Die eigene Klassenherkunft und Klassenposition prägen die eigene Blickweise auf die Welt und die Möglichkeiten, klassismuskritisch zu handeln. Viele Menschen, die armutsbetroffen sind und Klassismus erleben, sind schon immer in Bündnissen aktiv, um soziale Ungerechtigkeit zu überwinden. Sabto Schlautmann schreibt hierzu:

> »Auch positive Beispiele gibt es. Bei einer Demovorbereitung sagte eine studierende Person, sie würde gerne den Demoaufruf formulieren, könne das allerdings nur in akademisierter Sprache tun. Deshalb bat sie uns, den Text mit ihr zu bearbeiten, damit ihn viele verstehen können. Das haben wir gemacht und es war eine Freude, mit ihr zusammenzuarbeiten. Durch unsere jahrzehntelangen Interventionen haben sich inzwischen einige Gruppierungen bewegt.« (Schlautmann 2020: 133)

Oft werden diese Bewegungen jedoch übersehen und vergessen. Sie sichtbarer zu machen, war ein wichtiges Anliegen dieses Buches. Klassenübergänger*innen aus der Armuts- oder Arbeiter*innenklasse können wichtige Bündnispartner*innen für eine sozial gerechte Gesellschaft werden und zwischen unterschiedlichen sozialen Welten übersetzen. Auch Menschen mit Klassenprivilegien und mit einer privilegierten Herkunft können sich aktiv gegen Klassismus einsetzen, nämlich indem sie ihre Privilegien nutzen, um eine sozial gerechte Gesellschaft aufzubauen.

Ich hoffe, dass dieses Buch dazu motiviert, sich bestehenden Initiativen anzuschließen oder eigene Ideen und Strategien für eine sozial gerechte Gesellschaft zu entwickeln und sie aktiv und mutig umzusetzen. Das wird im Moment immer notwendiger: Klassismus und andere Diskriminierungsformen bedrohen den gesellschaftlichen Zusammenhalt und stellen eine Gefahr für die Demokratie dar, die ernst genommen werden muss. Gewalt und Diskriminierung gegenüber armutsbetroffenen, erwerbslosen und wohnungslosen Menschen nehmen immer mehr zu. Und auch die Ungleichheit im Bildungs- und Gesundheitssystem verstärkt sich. Daher ist es umso wichtiger, dass wir uns nicht nur theoretisch mit sozialer Gerechtigkeit beschäftigen, sondern uns auch praktisch auf den Weg machen.

Literatur

Abou, Tanja (2017): Klassismus oder was meine ich eigentlich, wenn ich von Klassismus spreche? Eine Annäherung. In: Informations- und Dokumentationszentrum für Antirassismusarbeit e.V. (IDA) (Hrsg.): Fachinformation. URL: https://www.vielfalt-mediathek.de/mediathek/6268/klassismus-oder-was-meine-ich-eigentlich-wenn-ich-von-klassismus-spreche-eine-an.html (zuletzt aufgerufen am 01.09.2023).

Abou, Tanja (2020): Prololesben und Arbeiter:innentöchter – Interventionen in den feministischen Mainstream der 1980er und 1990er-Jahre. In: Seeck, Francis/Theißl, Brigitte (Hrsg.): Solidarisch gegen Klassismus. Organisieren, intervenieren, umverteilen. Münster: Unrast, S. 97–106.

Abou, Tanja/Theißl, Brigitte/Witte, Martina (2020): Feministischer Klassenkampf. Strategien gegen Klassismus und Akademisierung aus (queer-)feministischer Perspektive. In: Seeck, Francis/Theißl, Brigitte (Hrsg.): Solidarisch gegen Klassismus. Intervenieren, organisieren, umverteilen. Münster: Unrast, S. 35–44.

Amer, Regina (2020): »Ich habe wegen der politischen Verhältnisse eine Mordswut im Bauch«. Ein Interview. In: Seeck, Francis/Theißl, Brigitte (Hrsg.): Solidarisch gegen Klassismus. Intervenieren, organisieren, umverteilen. Münster: Unrast, S. 81–85.

Arzouni, Salma (2018): Klassismus in Organisationen. In: Faktencheck 2018/01. URL: https://www.deutsch-plus.de/wp-content/uploads/2018/01/faktencheck-01.pdf (zuletzt aufgerufen am 01.09.2023).

Aumair, Betina/Theißl, Brigitte (2020): Klassenreise. Wie die soziale Herkunft unser Leben prägt. Wien: ÖGB Verlag.

Avir, Olja (2020): Nieder mit der Sprossenwand! Brechen wir mit der Vorstellung vom sozialen Aufstieg. In: Seeck, Francis/Theißl, Brigitte (Hrsg.): Solidarisch gegen Klassismus. Intervenieren, organisieren, umverteilen. Münster: Unrast, S. 19–28.

Baer, Susanne/Bittner, Melanie/Göttsche, Anna Lena (2010): Expertise. Mehrdimensionale Diskriminierung – Begriffe, Theorien und juristische Analyse. URL: https://www.antidiskriminierungsstelle.de/SharedDocs/downloads /DE/publikationen/Expertisen/expertise_mehrdimensionale_diskriminierung_jur_analyse.pdf?__blob=publicationFile (zuletzt aufgerufen am 01.12.2023).

Barankow, Maria/Baron, Christian (Hrsg.) (2021): Klasse und Kampf. Berlin: Claassen.

Baron, Christian (2019): Ein Mann seiner Klasse. Berlin: Ullstein.

Baron, Christian/Steinwachs, Britta (2012): Faul, Frech, Dreist. Die Diskriminierung von Erwerbslosigkeit durch BILD-Leser*innen. Berlin: Edition Assemblage.

Basta Erwerbsloseninitiative (2020): Ein schriftliches Interview. In: Seeck, Francis/Theißl, Brigitte (Hrsg.): Solidarisch gegen Klassismus. Organisieren, intervenieren, umverteilen. Münster: Unrast, S. 59–69.

Becker, Lia (2018): Transfeminismus und neue Klassenpolitik. In: Zeitschrift Luxemburg, URL: https://zeitschrift-luxemburg.de/artikel/new-queens-on-the-block/ (zuletzt aufgerufen am 01.12.2023).

Bell, Karen (2020): Working-Class Environmentalism. An Agenda for a Just and Fair Transition to Sustainability. Basingstoke: Palgrave Macmillan.

Bildung für utopischen Wandel e.V. (2022): Klima & Klassismus. Materialien für die Bildungsarbeit. URL: http://buwa-kollektiv.de/wp-content/uploads/2023/06/Handbuch_Klima-soziale-Ungerechtigkeit_1-05-4.pdf (zuletzt aufgerufen am 05.01.2023).

Boudreau, Catherine (2023): A new Texas law will override mandated rest and water breaks for construction crews as extreme heat rises. In: Business Insider. URL: https://www.businessinsider.com/texas-extreme-heat-construction-crews-lose-breaks-water-2023-6 (zuletzt aufgerufen am 01.12.2023).

Bourdieu, Pierre (1987): Die feinen Unterschiede. Kritik der gesellschaftlichen Urteilskraft. Frankfurt am Main: Suhrkamp.

Bourdieu, Pierre (1992): Ökonomisches, kulturelles und soziales Kapital. In: Bourdieu, Pierre: Die verborgenen Mechanismen der Macht. Hamburg: VSA, S. 49–79.

Brown, Rita Mae (1974): The last straw. In: Bunch, Charlotte/Myron, Nancy (Hrsg.): Class and Feminism. A Collection of Essays from The Furies. Baltimore: Diana Press, S. 13–23.

Brülle, Jan/Spannagel, Dorothee (2023): Einkommensungleichheit als Gefahr für die Demokratie. WSI-Verteilungsbericht 2023. URL: https://www.wsi.de/de/faust-detail.htm?sync_id=HBS-008729 (zuletzt aufgerufen am 01.11.2023).

Bublitz, Hannelore (1980): Ich gehörte irgendwie so nirgends hin. Arbeitertöchter an der Hochschule. Gießen: Focus Verlag.

Chancel, Lucas/Piketty, Thomas/Saez, Emmanuel/Zucman, Gabriel (2021): World Inequality Report 2022. URL: https://wir2022.wid.world/ (zuletzt aufgerufen am 01.10.2023).

Conrad, Maurice (2022): Wir streiken, bis ihr handelt! Wie Fridays for Future der Politik Beine macht! Frankfurt am Main: Westend.

David, Emmanuel (2015): Purple-collar Labor: Transgender Workers and Queer Value at Global Call Centers in the Philippines. In: Gender & Society 29(2), S. 169–194.

de Shazer, Steve/Dolan, Yvonne (2015): Mehr als ein Wunder: Die Kunst der lösungsorientierten Kurzzeittherapie. Heidelberg: Carl Auer Verlag.

Der Paritätische (2023): Zwischen Pandemie und Inflation. Paritätischer Armutsbericht 2022, aktualisierte 2. Auflage: Eigenverlag.

Dechert, Antje (2020): Holocaust-Überlebende. Vielen Opfern bleibt nur Grundsicherung. URL: https://www.tagesschau.de/inland/holocaust-ueberlebende-armut-101.htmlzu (zuletzt aufgerufen am 01.12.2023).

DIW Berlin (2020a): Vermögensabgabe DIE LINKE. Aufkommen und Verteilungswirkungen (Politikberatung kompakt 157, von Stefan Bach). URL: https://www.

diw.de/documents/publikationen/73/diw_01.c.801975.de/diwkompakt_2020-157.pdf (zuletzt aufgerufen am 01.10.2023).

DIW Berlin (2020b): MillionärInnen unter dem Mikroskop: Datenlücke bei sehr hohen Vermögen geschlossen – Konzentration höher als bisher ausgewiesen. URL: https://www.diw.de/documents/publikationen/73/diw_01.c.793785.de/20-29-1.pdf (zuletzt aufgerufen am 01.10.2023).

Dörre, Klaus (2022): Nachwort. Der Konflikt um Mobilität und Klimagerechtigkeit – eine Einordnung. In: Liebig, Steffen/Lucht, Kim (Hrsg.): Fahren wir zusammen? Die öko-soziale Allianz von ver.di und Fridays for Future im ÖPNV. Hamburg: VSA Verlag, S. 90–101.

Dröscher, Daniela/Fürstenberg, Paula (Hg.) (2021): check your habitus. Berlin: Sukultur.

Dröscher, Daniela (2018): Zeige deine Klasse. Die Geschichte meiner sozialen Herkunft. Hamburg: Hoffmann und Campe.

Eribon, Didier (2016): Rückkehr nach Reims. Berlin: Suhrkamp.

Eribon, Didier (2017): Gesellschaft als Urteil. Klassen, Identitäten, Wege. Berlin: Suhrkamp.

Franzen, Jannik/Arn Sauer (2010): Benachteiligung von trans Personen, insbesondere im Arbeitsleben. Berlin: Antidiskriminierungsstelle des Bundes.

Fridays for Future (2019): Aufruf an Studierende zum Klimastreik! URL: https://fridaysforfuture.de/aufrufan-studierende-zum-klimastreik/ (zuletzt aufgerufen am 01.01.2024)

Fridays for Future (2023): Klimageld – Wieso, weshalb warum? URL: https://fridaysforfuture.de/klimageld-wieso-weshalb-warum/ (zuletzt aufgerufen am 23.01.2024).

Frielinghaus, Jana (2022): Arbeit fair teilen statt Opfer-Mobbing. Erwerbslose demonstrierten in Berlin gegen Niedriglohn-Zeitarbeit. In: junge Welt, 6.9.2022. URL: https://www.jungewelt.de/loginFailed.php?ref=/artikel/31562.arbeit-fair-teilen-statt-opfer-mobbing.html (zuletzt aufgerufen am 01.09.2023).

Fuchs, Wiebke/Ghattas, Dan Christian/Reinert, Deborah/Widmann, Charlotte (2012): Studie zur Lebenssituation von Transsexuellen in NRW. URL: www.lsvd.de/fileadmin/pics/Dokumente/TSG/Studie_NRW.pdf (zuletzt aufgerufen am 01.02.2023).

Fütty, Tamás Jules (2019): Gender und Biopolitik: Normative und intersektionale Gewalt gegen Trans Menschen. Bielefeld: transcript.

Geigerzähler, Paul (2023): Hartzen! – oder mit 13 Modulen in die Zukunft. Als jugendlicher Postzonenpunk und Anarchist in der Anti-Hartz Bewegung. In: Seeck, Anne/Nowak, Peter/Hanloser, Gerhard/Rein, Harald (Hrsg.): KlassenLos – Sozialer Widerstand von Hartz IV bis zu den Teuerungsprotesten. Berlin: Die Buchmacherei, S. 77–82.

Germanwatch (2023): Erdüberlastungstag. URL: https://www.germanwatch.org/de/overshoot (zuletzt aufgerufen am 01.12.2023).

Gössling, Stefan/Humpe, Andreas (2020): The global scale, distribution and growth of aviation: Implications for climate change. In: Global Environmental Change 65, S. 1–12.

Hägler, Maximilian (2003): Ein spärlicher Protest. In: taz, 2.6.2003, S. 22. URL: https://taz.de/Ein-spaerlicher-Protest/!766110/ (zuletzt aufgerufen am 01.09.2023).

Beigang, Steffen/Fetz, Karolina/Kalkum, Dorina/Otto, Magdalena (2017): Diskriminierungserfahrungen in Deutschland – Ergebnisse einer Repräsentativ- und einer Betroffenenbefragung. Antidiskriminierungsstelle des Bundes. URL: https://www.antidiskriminierungsstelle.de/SharedDocs/downloads/DE/publikationen/Expertisen/expertise_diskriminierungserfahrungen_in_deutschland.html (zuletzt aufgerufen am 01.12.2023).

hooks, bell (2010): Teaching Critical Thinking: Practical Wisdom. London: Routledge.

hooks, bell (2020): Die Bedeutung von Klasse. Warum die Verhältnisse nicht auf Rassismus und Sexismus zu reduzieren sind. Münster: Unrast.

hooks, bell (2022): Dazugehören. Über eine Kultur der Verortung. Münster: Unrast.

hooks, bell (2023): Die Welt verändern lernen. Bildung als Praxis der Freiheit. Münster: Unrast.

hooks, bell (im Erscheinen): Gemeinschaft leben lernen. Bildung als Praxis der Hoffnung. Münster: Unrast.

Hollibaugh, Amber/Margot Weiss (2015): Queer precarity and the myth of gay affluence. In: New Labor Forum 24(3), S. 18–27.

Hüttner, Bernd/Altieri, Riccardo (Hg.) (2020): Klassismus und Wissenschaft. Marburg: BDWI.

Jaquet, Chantal (2018): Zwischen den Klassen. Über die Nicht-Reproduktion sozialer Macht. Konstanz University Press: Konstanz.

Jugend im Bund für Umwelt und Naturschutz Deutschland e.V. (2021): Kolonialismus und Klimakrise. Über 500 Jahre Widerstand. https://www.bundjugend.de/wp-content/uploads/Kolonialismus_und_Klimakrise-ueber_500_Jahre_Widerstand.pdf (zuletzt aufgerufen am 01.12.2023).

Jüdische Allgemeine (2023): Großer Teil der Juden in Deutschland lebt in Armut. URL: https://www.juedische-allgemeine.de/politik/grosser-teil-der-juden-in-deutschland-lebt-in-armut/ (zuletzt aufgerufen am 01.12.2023).

Kaiser, Mareice (2022): Wie viel. Was wir mit Geld machen und was Geld mit uns macht. Hamburg: Rowohlt Verlag.

Karim, Sarah (2023): Dis/ability und Klassismus. Soziale Ungleichheit und Ableismus aus Sicht der Dis/ability Studies. In: Pohlkamp, Ines/Carstens, Lea/Nagel, Björn (Hrsg.): Klassismus und politische Bildung. Intersektionale Perspektiven und Reflexionen aus der Praxis. Frankfurt am Main: Wochenschau Verlag.

Kemper, Andreas/Heike Weinbach (2009): Klassismus. Eine Einführung. Münster: Unrast.

Kemper, Andreas (2016): Klassismus. Eine Bestandsaufnahme. Erfurt: Friedrich-Ebert-Stiftung, Landesbüro Thüringen.

Knupp-Rabe, Anna (1999): Für manche sind es Brüche, für uns Aufbrüche. Die Geschichte einer Berliner Prololesbengruppe. In: Hügel, Ika u. a. (Hrsg.): Entfernte Verbindungen: Rassismus, Antisemitismus, Klassenunterdrückung. Berlin: Orlanda, S. 43–48.

Kovats, R. Sari/Kristie, L. Ebi (2006): Heatwaves and public health in Europe. In: European Journal of Public Health 16/6, S. 592–599.

Küppers, Carolin (2024): Intersektionalität. In: Gender Glossar. URL: https://www.gender-glossar.de/post/intersektionalitaet (zuletzt aufgerufen am 01.03.2023).

Langrock-Kögel, Christiane (2020): Nicht wirklich bunt. Wie elitär sind die Klimaproteste? URL: https://goodimpact.eu/recherche/fokusthema/wie-elitar-sind-die-klimaproteste (zuletzt aufgerufen am 01.03.2023).

Leondar-Wright, Betsy (2004): Class Matters: Cross-Class Alliance Building for Middle-Class Activists. Gabriola Islands: New Society Publishers.

Liebig, Steffen/Lucht, Kim (Hrsg.) (2022): Fahren wir zusammen? Die öko-soziale Allianz von ver.di und Fridays for Future im ÖPNV. Hamburg: VSA Verlag.

Louis, Édouard (2016): Das Ende von Eddy. Frankfurt am Main: Fischer.

Maschke, Michael (2007): Behinderung als Ungleichheitsphänomen – Herausforderungen an Forschung und die politische Praxis. In: Waldschmidt, Anne/Schneider, Werner (Hrsg.): Disability Studies, Kultursoziologie und Soziologie der Behinderung. Erkundungen in einem neuen Forschungsfeld. Bielefeld: transcript, S. 299–320.

Maskos, Rebecca (2010): Was heißt Ableismus? Überlegungen zu Behinderung und bürgerlicher Gesellschaft. In: Arranca 43. URL: https://arranca.org/ausgaben/bodycheck-und-linker-haken/was-hei%C3%9Ft-ableism (zuletzt aufgerufen am 01.12.2023).

Maskos, Rebecca/Kaiser, Mareice (2023): Bist du behindert, oder was? Kinder inklusiv stärken und ableismuskritisch begleiten. Berlin: Familiar Faces Verlag.

Meulenbelt, Anja (1988): Scheidelinien: Über Sexismus, Rassismus und Klassismus. Reinbek: Rowohlt.

Migrationsrat (2020): BIPoC (Glossar). URL: https://www.migrationsrat.de/glossar/bipoc/ (zuletzt aufgerufen am 23.01.2024).

Movement Hub (2023): Race-Class-Narrative – eine Antwort auf den Kulturkampf von rechts? URL: https://movement-hub.org/2023/08/09/race-class-narrative/ (zuletzt aufgerufen am 01.12.2023).

Möller, Christina (2015): Herkunft zählt (fast) immer: Soziale Ungleichheiten unter Universitätsprofessorinnen und -professoren. Weinheim, Basel: Beltz Juventa.

Myron, Nancy (1972): Class Beginnings. In: The Furies. Lesbian/Feminist Monthly 1 (3), S. 2–3.

Neuber, Lutz (2023): Immer wieder montags. Von den Anfängen der Hartz IV-Proteste 2004 in Magdeburg bis zum nicht sonderlich »heißen Herbst« 2022. In: Seeck, Anne/Nowak, Peter/Hanloser, Gerhard/Rein, Harald (Hrsg.): KlassenLos – Sozialer Widerstand von Hartz IV bis zu den Teuerungsprotesten. Berlin: Die Buchmacherei, S. 83–87.

Nowak, Peter (2002): Politikern auf die Pelle gerückt. In: nd, 8.6.2002.

OneWorryLess Foundation (o. A.): #IchBinArmutsbetroffen. Soziale Bewegung – Wir müssen darüber reden, wie wir in Zukunft miteinander leben. URL: https://ichbinarmutsbetroffen.start.page/ (zuletzt aufgerufen am 01.12.2023).

Opitz, Nicole (2019): Diversität beim Klimaprotest. Zu jung, zu weiß, zu akademisch. In: taz, 13.12.2019. URL: https://taz.de/Diversitaet-beim-Klimaprotest/!5645995/ (zuletzt aufgerufen am 01.12.2023).

Oxfam (2017): 8 Männer besitzen so viel wie die ärmere Hälfte der Weltbevölkerung. URL: https://www.oxfam.de/ueber-uns/aktuelles/2017-01-16-8-maenner-besitzen-so-viel-aermere-haelfte-weltbevoelkerung (zuletzt aufgerufen am 01.12.2023).

Oxfam (2023): Umsteuern für soziale Gerechtigkeit. URL: https://www.oxfam.de/ueber-uns/publikationen/oxfams-bericht-sozialer-ungleichheit-umsteuern-soziale-gerechtigkeit (zuletzt aufgerufen am 01.12.2023).

Pauster, Verena (2023): NEIN zur Elterngeld-Streichung! URL: https://www.change.org/p/nein-zur-elterngeld-k%C3%BCrzung (zuletzt aufgerufen am 07.01.2024).

Reuter, Julia/Gamper, Markus/Möller, Christina/Blome, Ferke (2020) (Hrsg.): Vom Arbeiterkind zur Professur. Sozialer Aufstieg in der Wissenschaft. Bielefeld: transcript.

Resource Generation (o. A. a): Was wir machen, https://resourcetransformation.org/was-wir-machen/ (zuletzt aufgerufen am 01.09.2023).

Resource Generation (o. A. b): Klassenprivilegien-Quiz, https://resourcetransformation.org/?fluent-form=4&form=g1ro8dt/ (zuletzt aufgerufen am 01.09.2023).

Rezene, Dyana (2022): Klassismus und Rassismus — Dimensionen einer vielschichtigen Intersektion. URL: https://www.idaev.de/fileadmin/user_upload/pdf/publikationen/Reader/2022_Klassismus_Rassismus.pdf (zuletzt aufgerufen am 01.12.2023).

Roßhart, Julia (2016): Klassenunterschiede im feministischen Bewegungsalltag. Anti-klassistische Interventionen in der Frauen- und Lesbenbewegung der 80er und 90er Jahre in der BRD. Berlin: w_orten & meer.

Roßhart, Julia/Witte, Martina (2019): Die Proll-Lesbengruppen. In: Digitales Deutsches Frauenarchiv. URL: https://www.digitales-deutsches-frauenarchiv.de/akteurinnen/die-proll-lesbengruppen (zuletzt aufgerufen am 01.12.2023).

Sanktionsfrei e.V. (2023): Kampagne: Kinderarmut abschaffen: Kindergrundsicherung – jetzt! URL: https://weact.campact.de/petitions/kinderarmut-abschaffen-kindergrundsicherung-jetzt (zuletzt aufgerufen am 01.12.2023).

Schlautmann, Sabto (2020): Klasse Haltung entwickeln. In: Seeck, Francis/Brigitte Theißl (Hrsg.): Solidarisch gegen Klassismus. Organisieren, intervenieren, umverteilen. Münster: Unrast, S. 129–137.

Schmitt, Lars (2010): Bestellt und nicht abgeholt. Soziale Ungleichheit und Habitus-Struktur-Konflikte im Studium. Wiesbaden: VS Verlag.

Seeck, Anne/Nowak, Peter/Hanloser, Gerhard/Rein, Harald (2023) (Hrsg): KlassenLos – Sozialer Widerstand von Hartz IV bis zu den Teuerungsprotesten. Berlin: Die Buchmacherei.

Seeck, Anne (2023): Prozesse der Entfremdung. In: Seeck, Anne/Nowak, Peter/Hanloser, Gerhard/Rein, Harald (Hrsg.): KlassenLos – Sozialer Widerstand von Hartz IV bis zu den Teuerungsprotesten. Berlin: Die Buchmacherei, S. 203–206.

Seeck, Francis (2016): Akte Lebensende: die Verwaltung des armen Todes im Kontext ordnungsbehördlicher Bestattungen. In: BIOS 29(1), S. 131–140.

Seeck, Francis (2017): Recht auf Trauer. Bestattungen aus machtkritischer Perspektive. Münster: Edition Assemblage.

Seeck, Francis/Brigitte Theißl (Hrsg.) (2020): Solidarisch gegen Klassismus. Organisieren, intervenieren, umverteilen. Münster: Unrast.

Seeck, Francis (2021): Care trans_formieren. Eine ethnographische Studie zu trans und nicht-binärer Sorgearbeit. Bielefeld: transcript.

Seeck, Francis (2022): Zugang verwehrt. Keine Chance in der Klassengesellschaft: Wie Klassismus soziale Ungleichheit fördert. Zürich: Atrium.

Seeck, Francis (2023): Siegelring, Gewerkschaftsausweis, Kuh oder Klavier? Klassismusreflexive Biografiearbeit in der Sozialen Arbeit. In: Chehata, Yasmine/Jagusch, Birgit (Hrsg.): Empowerment und Powersharing. Ankerpunkte – Positionierungen – Arenen. Weinheim: Beltz Juventa (3. Auflage).

Spiegel (2021): Geleakter Teil des IPCC-Berichts: Die reichsten zehn Prozent verursachen mehr als ein Drittel der Treibhausgase. In: Spiegel, 13.8.2021. URL: https://www.spiegel.de/wissenschaft/mensch/geleakter-teil-des-ipcc-berichts-die-reichsten-zehn-prozent-verursachen-mehr-als-ein-drittel-der-treibhausgase-a-6d2e8438-7f3e-49bc-8967-4e3aeb6be585 (zuletzt aufgerufen am 01.12.2023).

Steinhaus, Helene/Cornelsen, Claudia (2023): Es braucht nicht viel. Wie wir unseren Sozialstaat demokratisch, fair und armutsfest machen. Frankfurt am Main: S. Fischer.

taxmenow (o. A.): Das Problem. URL: https://www.taxmenow.eu/unserearbeit (zuletzt aufgerufen am 23.01.2024).

W., Anni/Ufer, Gesa (2022): Scham, Not und eine volle Schnauze. In: Deutschlandfunk Kultur, 30.5.2022, URL: https://www.deutschlandfunkkultur.de/ich-bin-armutsbetroffen-twitter-100.html (zuletzt aufgerufen am 01.12.2023).

Wadewitz, Felix (2021): Warum ein Lastenrad-Bonus nicht nur hippen Großstädtern nützt. In: Spiegel, 24.8.2021. URL: https://www.spiegel.de/auto/lastenrad-foerderung-warum-der-gruenen-vorschlag-nicht-nur-hippen-grossstaedtern-nuetzt-a-94d28b58-fffd-4b23-bf34-97654d2ff228 (zuletzt aufgerufen am 01.12.2023).

Walgenbach, Katharina/Dietze, Gabriele/Hornscheidt, Lann/Palm, Kerstin (2007): Gender als interdependente Kategorie. Neue Perspektiven auf Intersektionalität, Diversität und Heterogenität. Opladen: Budrich.

Waldschmidt, Anne (2012): (Körper-)Behinderung als soziales Problem. In: Albrecht, Günter/Groenemeyer, Axel

(Hrsg.): Handbuch Soziale Probleme. Band 1 & 2. Springer: Wiesbaden, S. 716–751.

Werth, Jutta (2020): »In unserem Klassensystem kann ich mir lebhaft vorstellen, wer hier die Arschkarte zieht« – Interview. In: Seeck, Francis/Brigitte Theißl (Hrsg.): Solidarisch gegen Klassismus. Organisieren, intervenieren, umverteilen. Münster: Unrast, S. 29–34.

Winker, Gabriele/Degele, Nina (2009): Intersektionalität. Zur Analyse sozialer Ungleichheiten. Bielefeld: transcript.

Winter, Kim (2023): Who matters? (Fehlende) Diversität in der deutschen Klimabewegung. In: Blog ABV Gender & Diversitykompetenz, Freie Universität Berlin. URL: https://blogs.fu-berlin.de/abv-gender-diversity/2023/05/16/who-matters-fehlende-diversitaet-in-der-deutschen-klimabewegung/ (zuletzt aufgerufen am 01.12.2023).

Witte, Martina (2013): Klassismuskritik und gelebte Umverteilung. Die Geschichte einer Berliner Prolo-Lesbengruppe. In: Rudolf, Christine et al. (Hrsg.): Schneewittchen rechnet ab. Feministische Ökonomie für anderes Leben, Arbeiten und Produzieren. Hamburg: VSA Verlag, S. 82–90.

Zingher, Erica (2022): Geschenke kosten. Warum Armut ein wesentlicher Teil jüdischer Gegenwart ist. In: Cazés, Laura (Hg.): Sicher sind wir nicht geblieben. Jüdischsein in Deutschland. Frankfurt am Main: S. Fischer, S. 53–66.

ZWST (2022): Factsheet zum Problem der Altersarmut unter jüdischen Zuwanderer:innen. URL: https://zwst.org/de/news/die-zeit-wird-knapp (zuletzt aufgerufen am 01.12.2023).

Danksagung

Ich bedanke mich herzlich bei folgenden Personen, die mich in unterschiedlicher Weise bei der Verfassung und Veröffentlichung dieses Buches unterstützt haben. Danke an das Team von Unrast, insbesondere Tatjana Niederberghaus. Danke an Julia Roßhart für die wertvollen Rückmeldungen. Danke an Anne Seeck, Sannik Ben Dehler, Tanja Abou, Julia Eichhorn und Brigitte Theißl für die wertvollen Hinweise. Ich bedanke mich auch bei den Teilnehmer*innen meiner Fortbildungen und Workshops und bei den Studierenden in meinen Seminaren in der Sozialen Arbeit für die wichtigen Denkanstöße.